ÉTUDIER À L'ÉTRANGER APRÈS LE BAC

Le guide pratique pour réussir son projet

Adam Girsault
Diplômé de UCL à Londres et d'HEC Paris
Co-fondateur de Your Dream School

Lawrence Myers
Diplômé de Middlebury College aux États-Unis
et de l'université Paris 1
Co-fondateur de Your Dream School

SOMMAIRE

INTRODUCTION

De plus en plus de lycéens, comme vous, envisagent de partir à l'étranger pour leurs études supérieures et les bonnes raisons pour réaliser un tel projet ne manquent pas.
Faire ses études à l'étranger, c'est avant tout une expérience humaine et culturelle hors du commun. Pendant votre expatriation, vous allez faire de belles rencontres, vivre au rythme d'une culture étrangère, découvrir de nouveaux paysages et manières de vivre, apprendre une ou plusieurs langues étrangères ou encore vous épanouir intellectuellement. Cette aventure va aussi vous permettre de développer votre autonomie et votre indépendance. Quel beau programme !

C'est au Québec (Canada) que Jade a décidé de partir après le bac et elle décrit son expérience : *« Les étudiants sont extrêmement ouverts et accueillants. Il est très facile de rencontrer des gens et de se faire des amis. L'état d'esprit des professeurs est aussi assez exceptionnel : il est très facile de communiquer avec eux, de les rencontrer pour leur poser des questions. Ils sont toujours disponibles et à l'écoute. Enfin, les dispositifs et opportunités mis au service des étudiants sont très nombreux, que ce soient pour les stages, les associations ou encore les sports. Les étudiants peuvent prendre part à beaucoup d'activités et être aussi impliqués qu'ils le souhaitent. »*

Pour Jade, comme pour des milliers d'autres étudiants, partir à l'étranger a été une expérience positive qui leur a permis de s'épanouir à la fois socialement et académiquement dans un environnement international. L'objectif de ce livre est donc de vous aider à préparer votre projet d'expatriation et à le concrétiser : identifier les destinations et les cursus universitaires les plus adaptés, l'environnement qui va vous permettre de pleinement vous épanouir dans votre nouvelle vie et mettre toutes les chances de votre côté pour réussir à l'intégrer !

PARTIE I

BIEN CHOISIR SON CURSUS À L'ÉTRANGER

1| BIEN CHOISIR SON CURSUS UNIVERSITAIRE À L'ÉTRANGER

Étudier à l'étranger est un projet remarquable mais nécessite d'être mûrement réfléchi et doit donc se préparer très en amont : dès l'entrée au lycée, et parfois même avant !

La première problématique à laquelle vous serez confronté concerne le choix du pays et du cursus universitaire que vous souhaitez rejoindre. Les universités et programmes d'études ne manquent pas mais il est primordial d'arrêter votre choix sur celui qui répondra le plus précisément à vos attentes et à votre profil, aussi bien en termes d'environnement que de budget, de critères d'admission et d'opportunités professionnelles dans le domaine que vous visez.

Par conséquent, il est nécessaire de vous poser les bonnes questions. Par exemple :

- Quelles matières souhaitez-vous approfondir au cours de vos études ? Êtes-vous plutôt à la recherche d'une formation orientée vers la théorie ou la pratique ? Y a-t-il une formation ou des qualifications spécifiques à obtenir pour le métier que vous souhaitez exercer (architecture, droit, professions médicales ou paramédicales par exemple) ?
- Votre objectif est-il de revenir en France après votre diplôme ? Combien d'années d'études êtes-vous prêt à suivre à l'étranger ?
- D'où vient votre attrait pour l'expatriation ? Provient-il d'un besoin de liberté, d'indépendance, ou s'agit-il d'une envie de vous dépasser ? Comme le dit Anne Saci, coach en orientation, votre désir de partir à l'étranger est-il « une conquête » ou « une fuite » ?
- Vos parents et proches soutiennent-ils votre projet d'études ? Si ce n'est pas le cas, quelles sont leurs craintes et vous semblent-elles justifiées ?
- Est-ce le bon moment pour vous de partir ? Vous sentez-vous suffisamment prêt pour passer au moins trois ans dans un autre pays ?
- Comment envisagez-vous l'éloignement familial ? Vous sentez-vous prêt à partir loin de chez vous (à plusieurs heures d'avion) ou

souhaiteriez-vous plutôt rester en Europe pour ne pas vous sentir trop éloigné et pouvoir revenir régulièrement ?
- Êtes-vous à la recherche d'un grand ou d'un petit choc culturel ? Certains environnements ou destinations seront en effet plus dépaysants que d'autres et vont donc exiger une adaptation plus ou moins importante de votre part.
- Le climat est-il un facteur important pour vous ? Pourriez-vous par exemple vivre dans un climat très froid (comme l'hiver dans les pays scandinaves, au Canada ou dans certaines parties des États-Unis), ou au contraire très chaud ?

Constance, étudiante en ingénierie biomédicale à Imperial College London (Angleterre), donne le conseil suivant : « *Il est vraiment important de se renseigner en demandant conseil à des élèves déjà dans le cursus que vous souhaitez intégrer ou dans l'université dans laquelle vous souhaitez aller. Il faut aussi essayer de se projeter dans le cursus que vous avez choisi, vraiment regarder le nom de chaque cours car les matières sont totalement différentes de ce qu'on nous apprend au lycée.* »

Elle explique aussi : « *Si vous avez choisi un cursus qui vous intéresse réellement, votre expérience va être géniale mais il est facile de se tromper et beaucoup de personnes changent de voie au bout de la première année. Il ne faut pas se dire qu'on ne peut pas faire tel ou tel cursus parce qu'on n'est pas très bon dans une matière qui y est associée au lycée, car les matières seront très différentes à l'université.* »

En conséquence, il est essentiel de vous orienter vers un cursus dans lequel vous allez véritablement vous épanouir et qui va vous permettre de réaliser vos objectifs à la fois juste après votre diplôme, mais aussi à plus long terme.

Étudier à l'étranger pour réaliser vos objectifs à long terme ?

> *« Choisissez un travail que vous aimez et vous n'aurez pas à travailler un seul jour de votre vie. »*
>
> Confucius

Lorsque vous réfléchissez à votre orientation après le bac, il est très important que vous preniez du recul pour réfléchir à une question fondamentale : quels sont vos objectifs sur la durée ? En effet, prendre la décision de partir étudier dans une université étrangère constitue la première étape de votre vie d'adulte : il est par conséquent fondamental de définir vos objectifs et d'envisager vos études comme la première étape pour les atteindre. Même s'il est encore évidemment toujours possible de changer d'avis plus tard, s'orienter directement après le bac dans une voie qui correspond à vos objectifs dans la durée vous fera gagner beaucoup de temps et d'énergie par la suite !

Avoir ce questionnement à ce stade de votre vie est essentiel : il serait en effet dommage de vous rendre compte pendant votre cursus ou durant votre vie professionnelle que vous avez choisi une voie dans laquelle vous ne vous sentez pas pleinement épanoui. Comme le dit si bien Diderot, « il faut être enthousiaste de son métier pour y exceller ».

Vous vous demandez donc sûrement par où commencer pour définir vos objectifs à long terme ? Essayez d'être totalement honnête avec vous-même lorsque vous répondrez à ces questions et de ne pas vous poser de limites. Vos objectifs à long terme ne vous semblent peut-être pas réalistes pour l'instant, mais il ne faut pas vous limiter pour autant ! Assurez-vous aussi que vos réponses sont entièrement les vôtres : si votre rêve est de devenir acteur de cinéma et que vous êtes prêts à vous investir à 300 % dans ce projet mais que tout le monde vous dit que c'est impossible, essayez, dans la mesure du possible, de ne pas tenir compte de l'influence de vos proches et de ce que les autres pourraient en dire ou en penser !

Il ne faut pas confondre ce que vous souhaitez faire et ce que les autres veulent que vous fassiez. L'immense majorité des familles souhaitent ce qu'il y a de meilleur pour leurs enfants et leur fixent souvent des objectifs ambitieux. Pourtant, il n'est pas toujours aisé de se rendre compte qu'il arrive que l'on fasse certaines projections ou que l'on ait une vision de la réussite assez tranchée, qui n'est pas nécessairement compatible ou en phase avec ses objectifs à long terme. Si vos proches ont toujours espéré que vous deveniez un jour médecin mais que vous n'avez jamais vraiment aimé les cours de biologie et que vous ne supportez pas la vue du sang, il serait sans doute utile d'avoir une discussion constructive avec votre entourage à ce sujet.

De plus, ce n'est parce que vous avez les capacités de suivre la filière universitaire la plus sélective et la plus exigeante qu'il faudra forcément toujours choisir de le faire. Avoir les capacités intellectuelles et scolaires pour poursuivre des études d'ingénierie à l'université de Cambridge est une excellente chose. Pour autant, si votre objectif à long terme est de travailler dans les médias, est-ce vraiment le diplôme le plus pertinent pour l'atteindre ? La réponse est peut-être « oui », mais il est sans doute nécessaire de vous la poser avant de décider !

De même, il est parfois tentant de faire la même chose que nos proches. Essayez par conséquent d'être le plus honnête possible avec vous-même et de toujours vous demander : ma décision est-elle le résultat de ma volonté et est-elle en accord avec mes objectifs sur le long terme ou suis-je d'une certaine manière influencé par mon environnement ?

Choisir pour soi et non pour les autres

Voici une liste de questions qui pourraient vous aider à réfléchir à ce que vous aimeriez faire et définir vos objectifs.

Vos intérêts académiques

- Quelles sont les matières qui vous intéressent le plus au lycée ? Pour quelles raisons ?
- Êtes-vous plutôt à la recherche d'un cursus théorique ou appliqué ?
- Souhaitez-vous suivre un cursus plutôt généraliste ou spécialisé ?
- La dimension intellectuelle est-elle fondamentale pour vous ?

Votre environnement de travail et votre carrière

- Quelle importance souhaitez-vous donner à votre travail ou votre carrière professionnelle dans votre vie ?
- Quelle est votre ambition ?
- Quel type d'emploi aimeriez-vous exercer ?
- Avez-vous *a priori* une préférence pour le secteur public ou le privé ? Est-il nécessaire pour vous que votre travail soit utile à la communauté ou à la collectivité ?
- À quoi ressemblerait votre environnement de travail idéal ? L'indépendance et l'autonomie sont-elles des valeurs essentielles pour vous ? Vous voyez-vous plutôt être salarié ou être votre propre patron ? Pourriez-vous envisager d'avoir de très longues plages horaires de travail ? Pourriez-vous travailler dans un environnement où la pression est importante ?
- Comment pourriez-vous décrire une journée idéale dans votre futur travail ? La stabilité est-elle une valeur fondamentale pour vous ? Seriez-vous capable de gérer un emploi du temps imprévisible ? La variété dans votre quotidien a-t-elle une grande importance pour vous ?
- Quel type d'impact souhaiteriez-vous avoir sur le monde ?

Votre future vie personnelle

- Est-il plutôt souhaitable pour vous de vivre dans une métropole internationale comme New York, Londres ou Paris, ou plutôt dans une ville à taille plus humaine et au rythme plus tranquille ?
- Quelle est l'importance de l'équilibre entre travail et vie personnelle pour vous ?

Votre future situation financière

Un autre aspect que vous pourriez considérer dans le choix de vos études ou de votre carrière est votre objectif financier.

- Quelle est votre vision de la réussite financière ?
- Pourriez-vous être satisfait ou épanoui dans un emploi qui n'est pas forcément aussi rémunérateur que d'autres ?
- Quel niveau de risque seriez-vous prêt à prendre ?

Rappelez-vous qu'il n'y a pas un seul moyen d'atteindre la réussite financière et que celle-ci n'est pas nécessairement synonyme de réussite de vie !

Ces quelques questions pourront vous aider à bien définir vos objectifs à long terme et prendre le temps d'y répondre vous permettra de mieux comprendre et de décrire ce qui compte pour vous.

Une fois que vous aurez répondu à ces questions, vous pourrez prendre une feuille de papier et répondre aux deux questions suivantes :

- Lorsque vous vous projetez à 5 ou 10 ans, voire plus loin, à quoi ressemble votre vie ?
- Si vous pouviez concevoir votre vie rêvée, à quoi ressemblerait-elle ?

N'hésitez pas à faire preuve de créativité et à essayer de répondre à ces questions par des textes, dessins, collages… tout ce qui pourrait vous inspirer ! Maintenant que vous pouvez visualiser votre situation rêvée, quelles seraient les premières mesures concrètes que vous pourriez prendre pour faire de ce rêve une réalité ?

La réponse à cette question est souvent difficile car dans bien des cas, il n'y a pas un seul chemin possible ! Supposons que vous avez maintenant une vision plus claire de votre futur rêvé. Imaginez-vous dans 20 ans. Vous êtes arrivé exactement là où vous espériez être. Comment en êtes-vous arrivé là ? Quelles mesures avez-vous prises pour atteindre ce niveau de réussite et être au stade où vous êtes aujourd'hui ? Quels obstacles avez-vous dû surmonter pour réaliser votre rêve ? Est-ce que certaines carrières vous semblent maintenant plus attrayantes que d'autres ?

N'hésitez pas à revenir à ces questions et à y réfléchir régulièrement !

> *« Ce que je sais, c'est que si tu fais un travail que tu aimes et que le travail te remplit, le reste viendra. »*
>
> Oprah Winfrey

2| CHOISIR L'ENVIRONNEMENT QUI VOUS CORRESPOND

Lorsque vous choisissez votre université à l'étranger, le type d'environnement dans lequel vous allez vivre a beaucoup d'impact sur votre expérience. Plusieurs options s'offrent généralement à vous : choisir une université campus en milieu rural, urbain (en pleine métropole) ou semi-urbain (dans une ville de taille moyenne ou en périphérie d'une métropole). Pour vous aider à faire le bon choix, nous vous proposons de réfléchir aux avantages et inconvénients propres à chaque type d'environnement. Il est utile de noter qu'il n'y a pas de bon ou de mauvais choix dans l'absolu, seulement un choix qui correspond davantage à vos envies !

Campus rural : vivre dans une bulle

Entre pelouses verdoyantes et campus autonome, étudier en milieu rural vous conviendra particulièrement si vous appréciez la vie en collectivité et souhaitez une expérience universitaire de campus !

Un environnement naturel calme

Si vous appréciez la nature, les endroits paisibles, loin du bouillonnement des grandes villes, les campus ruraux sont faits pour vous ! La plupart des universités en milieu rural sont situées dans des petites villes (moins de 25 000 habitants) et s'intègrent dans un environnement paisible. Lacs, réserves naturelles ou encore forêts : ces campus sont particulièrement adaptés si vous rêvez de grands espaces et d'un environnement dans lequel le campus et la vie de l'université occupent une place prépondérante.

Un campus autonome

En plus des enseignements dispensés, les campus ruraux fournissent aux étudiants logement, nourriture, activités, et une vie associative

très riche. Ces « bulles universitaires » sont généralement autonomes et il est possible d'y vivre en circuit quasiment fermé. Le fait de vivre ensemble sur un campus fermé fait que les étudiants développent également un très fort sentiment d'appartenance à leur université.
Si vous appréciez la vie en communauté, le campus rural vous plaira certainement. En revanche, si vous êtes à la recherche de l'indépendance, la vie en campus ne sera peut-être pas la plus adaptée pour vous.

Sorties et loisirs

L'immense majorité des étudiants au sein d'une université en milieu rural vivent sur le campus. La ville la plus proche de l'université offrant généralement moins de divertissements qu'une métropole, beaucoup de soirées ou d'événements (concerts, spectacles, conférences) sont organisés au sein même du campus, et sont souvent peu coûteux pour les étudiants. En fonction du cadre naturel dans lequel le campus est implanté (mer, lac, montagne ou encore campagne), il sera également possible de pratiquer diverses activités telles que le ski, le kayak ou encore l'équitation.
Vous ne manquerez donc jamais d'occupation sur le campus ou à proximité ! Toutefois, cet environnement sera moins adapté si vous ressentez le besoin d'être connecté en permanence avec une métropole et appréciez les sorties dans des bars, théâtre ou musées différents tous les jours.

Accès et transports

Les campus ruraux sont dans certains cas assez éloignés d'une métropole – bien qu'il soit souvent possible de vous y rendre en voiture ou en transports en commun.
Certaines universités mettent à disposition des étudiants des navettes gratuites pour leur permettre de se rendre dans la ville la plus proche afin de faire des courses et de sortir du cadre du campus. Pour jouir d'une entière autonomie et faciliter leurs déplacements, certains étudiants préfèrent avoir leur propre voiture, mais ce n'est pas le cas de tous !

Stages et opportunités professionnelles

En milieu rural, les universités proposent généralement de nombreux jobs étudiants sur le campus. Pour ce qui est des opportunités professionnelles, les universités investissent beaucoup dans leur service « carrières » afin de permettre aux étudiants d'être autant en contact avec de potentiels employeurs que celles et ceux qui étudient dans de plus grandes villes. Par exemple, des forums, événements ou conférences sont organisés sur les campus avec de grandes entreprises ou organisations afin de connaître toutes les opportunités proposées. De plus, les vacances d'été étant généralement particulièrement longues (deux à quatre mois), vous pourrez aussi mettre à profit une partie de ce temps pour faire des stages d'été dans une grande ville !

QUELQUES EXEMPLES D'UNIVERSITÉS RURALES

Au Royaume-Uni	Aux États-Unis
Durham University Loughborough University University of Dundee (Écosse) University of Essex University of Exeter University of Reading University of Strathclyde (Écosse) University of Stirling (Écosse) University of St Andrews (Écosse) University of Warwick	*Amherst College Berea College Bard College Bowdoin College Colby College Colgate University Cornell University Dartmouth College Hamilton College Kenyon College Middlebury College Smith College The University of Virginia (UVA) Vassar College Williams College The College of William & Mary*

Au Canada	En Espagne
University of British Columbia (Okanagan Campus) *Quest University (British Columbia)* *University of Toronto – Mississauga Campus (UTM)*	*IE University (campus de Ségovie)*

Laura, étudiante en *Classics* (latin et grec) à l'université de St Andrews partage son expérience au sein d'un campus rural :
« St Andrews est toute petite, donc c'est vraiment une ville qui tourne autour du campus et de la vie étudiante. Même si on a parfois l'impression d'être trop dans une bulle, j'adore le fait d'avoir tout ce dont j'ai besoin à 20 minutes à pied maximum et d'avoir l'impression d'être dans une ville campus ! Au niveau de la sécurité, on ne peut pas demander mieux non plus. La ville de St Andrews en elle-même est magnifique, et avoir la mer qui l'entoure est un luxe qui va me manquer après mes années ici ! La ville n'est reliée au reste du pays que par des bus, Édimbourg est à 1 h 30, Glasgow, à 2 h 30 et Dundee, à 30 minutes. Il est tout à fait possible de se rendre dans ces villes pour la journée et de revenir le soir (il y a de nombreux bus directs). Les étudiants se déplacent beaucoup à pied et ceux qui vivent un peu plus loin du centre, à vélo. De plus, l'université de St Andrews a plus de 600 ans : énormément d'histoire l'accompagne ! La ville est très belle, on a vraiment l'impression de se balader dans Poudlard (surtout quand les élèves portent des capes !). Il y a quelques bâtiments modernes, surtout en sciences et en médecine. L'université a un grand centre sportif et de nombreux terrains, et il y en a pour tous les goûts : football, tennis, mais aussi trampoline, surf et même quidditch ! La ville est petite, donc les cafés sont souvent envahis d'étudiants. Quand il fait beau, les élèves ont tendance à s'installer sur les pelouses devant les salles de cours. »

Charles, diplômé de l'université de Durham (Royaume-Uni), décrit son expérience sur un campus rural : « *Durham est appelé* the bubble, *et son côté "hors du monde" peut paraître légèrement oppressant par moments. Durham est une petite ville, très anglaise, loin de l'agitation de Londres. Cela m'avait un peu effrayé lors des* open days *(journées portes ouvertes) mais j'y ai passé trois années formidables. Pouvoir être vraiment immergé dans un tel environnement, très anglais, dans une ville présentant tous les avantages d'un campus (proximité des installations sportives, ambiance étudiante, sorties) était une bénédiction. Durham compte 14* colleges *(comme une maison dans Harry Potter : les étudiants y vivent et y prennent leur repas en première et parfois en troisième année. Chaque* college *jouit d'une certaine réputation : académique, artistique, sportif, fêtard, chic...). Cela crée une atmosphère unique et le sentiment d'appartenir à une petite communauté dès le début. Cela donne ainsi beaucoup d'occasions de sociabiliser et de s'assurer que personne ne se sente perdu en arrivant. Enfin, les installations sportives sont exceptionnelles.* »

Enfin, Jean-Eudes, étudiant à l'université IE à Ségovie (Espagne) explique : « *À l'IE, on a la chance de pouvoir choisir entre ville (Madrid) et campagne (Ségovie), cela dépend de chacun ! Personnellement, je ne regrette pas du tout d'avoir commencé par Ségovie, je pense que c'est une bonne option pour s'intégrer et se faire des amis.* »

Universités urbaines : au cœur des grandes villes

Vous appréciez généralement le bouillonnement des grandes villes, êtes passionné par la culture ou amateur de sorties et extraverti ou indépendant ? Petit tour d'horizon des avantages et inconvénients principaux de choisir une université urbaine.

Un environnement dynamique et multiculturel

Les universités dites « urbaines » sont généralement situées dans des métropoles de plus de 200 000 habitants. Si vous appréciez l'effervescence et la diversité culturelle des grandes villes, les universités urbaines pourraient répondre à vos attentes. Étudier dans une grande ville vous permettra d'évoluer dans un environnement dynamique et cosmopolite, et d'interagir avec des étudiants du monde entier et parfois même avec des étudiants des universités voisines. Une bonne occasion d'élargir votre réseau de connaissances !

Logement

Les grandes villes telles que Londres, Chicago ou New York offrent de nombreuses options de logement bien que cela puisse parfois s'avérer coûteux. La majorité des universités urbaines proposent aux étudiants un hébergement dans une résidence universitaire à proximité du campus ou dans la ville en première année. Toutefois, la plupart des universités urbaines ne vous garantissent généralement un logement que pendant votre première année d'études. Dès la deuxième année, il faudra donc trouver une autre solution : un studio ou hébergement indépendant que vous pourrez louer seul ou en groupe, en choisissant un emplacement correspondant à votre budget. En effet, dans les grandes villes (et notamment dans les capitales), les loyers, et plus généralement le coût de la vie, sont élevés. Assurez-vous donc d'avoir le budget nécessaire pour couvrir l'ensemble des dépenses (logements et frais annexes) auxquelles vous devrez faire face pendant vos études.

Sorties et loisirs

Les grandes villes offrent de nombreuses options de sorties et divertissements et la vie étudiante y est très active. Restaurants, bars, cinéma, théâtre, musées ou encore shopping... Vous aurez l'embarras du choix ! Attention tout de même à établir un budget « sorties et loisirs », afin d'éviter de dépasser votre budget.

Accès et transports

Si certains complexes universitaires concentrent leurs établissements en un seul et même endroit, d'autres sont fragmentés et répartis dans toute la ville, nécessitant parfois l'utilisation des transports publics pour rejoindre l'université.
Les grandes agglomérations sont généralement très bien desservies par les transports en commun, ce qui présente le double avantage de simplifier vos déplacements et de permettre à votre entourage de vous rendre visite facilement.

Stages et jobs

Les grandes villes regorgent d'entreprises en tous genres. Les opportunités de stages et d'offres d'emploi sont donc nombreuses. Vous aurez ainsi à travers l'université des occasions de rencontrer des entreprises et d'acquérir des expériences professionnelles afin de renforcer votre CV.

QUELQUES EXEMPLES D'UNIVERSITÉS URBAINES

Au Royaume-Uni et en Irlande	En Europe
Cardiff University *Imperial College London* *King's College London (KCL)* *London School of Economics and Political Science (LSE)* *Queen Mary University of London* *University of Bristol* *University College London (UCL)* *University of Liverpool* *University of Manchester (UM)* *University of Edinburgh (Écosse)* *University of Leeds* *University of Westminster* *Trinity College Dublin (TCD)* *University College Dublin (UCD)*	*Amsterdam University College (AUC) (Pays-Bas)* *University of Amsterdam (UvA) (Pays-Bas)* *Erasmus University (Pays-Bas)* *Rotterdam School of Management (RSM) (Pays-Bas)* *IE University (campus de Madrid, Espagne)* *UEM Universidad Europea de Madrid (Espagne)* *UNIGE université de Genève (Suisse)* *UNIL université de Lausanne (Suisse)* *Université Libre Bruxelles (Belgique)* *Bocconi University (Italie)* *Stockholm School of Economics (Suède)*
Aux États-Unis	**Au Canada**
Boston University (BU) *Columbia University* *Georgetown University* *George Washington University* *University of Miami* *New York University (NYU)* *University of California, Berkeley* *University of California, Los Angeles (UCLA)* *University of Pennsylvania (UPenn)*	*McGill University* *Concordia University* *Université du Québec à Montréal (UQÀM)* *Université de Montréal (UdeM)* *University of Toronto (St George's campus)* *The University of British Columbia (UBC)*

Jade, étudiante à l'université de McGill explique que « *le campus est idéalement situé au centre de Montréal* (downtown) *et est relativement grand pour un campus de ville. Il est doté d'une très grande bibliothèque où tous les étudiants vont travailler dans la journée entre les cours. Tout est relativement centré autour du campus, il est donc très facile de passer d'un cours à l'autre ; ils ont généralement lieu dans différents bâtiments. Montréal est une ville très étudiante (près de 350 000 étudiants pour une population de 1,7 million) et très vivante : c'est l'endroit idéal pour une expérience universitaire* ». **De plus, elle ajoute que** « *le fait d'avoir un campus en ville est quelque chose de très appréciable et de relativement rare pour les universités situées en ville. Cela combine la possibilité de vivre en résidence en première année à proximité du campus, et d'avoir cette réelle expérience de communauté universitaire, tout en ayant une grande ouverture sur la ville pour les sorties, la culture, et tous les événements qui sont constamment organisés (concerts, soirées, activités...)* ».

Clarisse, étudiante à la London School of Economics (LSE) à Londres, précise aussi qu'étudier en « *plein centre de Londres, c'est top ! La ville de Londres pour un étudiant est vraiment très agréable et bouge tout le temps. Le coût de la vie y est par contre élevé (logements, nourriture, transports, etc.).* ».

Université semi-urbaine ou dans une ville à taille humaine : un bon compromis ?

Si, entre campus rural et université urbaine, votre cœur balance, sachez qu'une troisième option existe : l'université dite semi-urbaine. Situées en périphérie de villes ou au sein de plus petites villes, ces universités possèdent à la fois les atouts du calme rural et le dynamisme urbain. Les étudiants peuvent généralement choisir de vivre au sein du campus universitaire ou de louer un logement particulier tout au long de leurs études. Le coût des logements, et de manière plus générale, le coût de la vie, y est généralement inférieur à celui des universités situées au

EXEMPLES D'UNIVERSITÉS SEMI-URBAINES OU DANS UNE VILLE À TAILLE HUMAINE

Au Royaume-Uni	**En Europe**
Royal Holloway, University of London *University of Bath* *University of Cambridge* *University of Exeter* *University of Nottingham* *University of Oxford* *University of York*	*University College Maastricht (UCM) (Pays-Bas)* *University College Utrecht (UCU) (Pays-Bas)* *Leiden University College (Pays-Bas)* *Tilburg University (Pays-Bas)* *ESADE (Espagne)* *Lund University (Suède)* *École Hôtelière de Lausanne (EHL) (Suisse)* *Glion (Suisse)*
Aux États-Unis	**Au Canada**
Babson College *Boston College* *Claremont McKenna College* *Duke University* *Fordham University* *Harvey Mudd College* *Olin College* *Pitzer College* *Pomona College* *Scripps College* *Tufts University* *Wellesley College* *University of California, Berkeley*	*University of British Columbia (UBC) (Vancouver campus)* *Bishop's University (Québec)* *Western University (Ontario)* *Queen's University (Ontario)*

cœur des métropoles mais les options de loisirs, sorties et divertissements y sont quand même nombreuses. Les universités semi-urbaines sont généralement faciles d'accès car bien desservies par les transports en commun et suffisamment proches de la ville pour vous permettre de vous y rendre le week-end, parfois même avant ou après les cours !

Louis, étudiant à l'université de Bath, décrit son expérience : *« Le campus est un petit monde à part rempli de jeunes étudiants, où il se passe tout le temps plein de choses. C'est comme une petite ville : il y a un bar, un supermarché et même des banques ! Il y a aussi un grand gymnase et de nombreux équipements et infrastructures sportives : l'expérience est géniale et vous avez tout ce dont vous avez besoin ici. Le seul problème est qu'une fois que vous résidez à l'extérieur du campus, il faudra vous y rendre pour pouvoir profiter de tout cela même si, avec les cours, vous aurez de toute façon l'occasion d'aller sur le campus régulièrement ! J'aime vraiment beaucoup cet environnement. »*

Sigrid, étudiante à l'université d'Exeter (Angleterre), raconte aussi : *« La ville d'Exeter est exactement ce que je recherchais après mon bac. C'est une ville calme et accueillante, mais rythmée par la vie étudiante. Il est très facile d'aller au bord de la mer le week-end en bus ou en train, ainsi que de visiter les villes de Bristol ou Bath. Par rapport aux sorties, Exeter comprend suffisamment de cafés et de bars pour ne pas s'en lasser, et surtout beaucoup de parcs et d'espaces verts. Pour la vie nocturne, les boîtes de nuit ne sont pas très nombreuses, mais c'est assez similaire dans d'autres universités avec campus (Bristol, Warwick...). L'ambiance nocturne à Londres ou dans d'autres grandes villes est assez unique, mais en contrepartie, les étudiants d'une même université sont beaucoup plus dispersés et peuvent se sentir perdus dans une aussi grande ville. Le campus d'Exeter est assez incroyable : chaque faculté a son propre bâtiment, et le cœur du campus (*the forum*) comprend une bibliothèque gigantesque ouverte 24 heures sur 24. Ce que j'aime particulièrement, ce sont tous les endroits un peu cachés de l'université : des salles avec des canapés,* *des cafés et même des bars. On peut toujours trouver l'ambiance que l'on souhaite, pour travailler ou se reposer. »*

Arnault, diplômé de l'université d'Oxford, explique qu'il garde un très bon souvenir de ses trois années : *« La vie dans le collège est très épanouissante. J'ai vécu une immersion totale dans le monde universitaire et j'ai vraiment eu l'impression d'avoir vécu une expérience digne d'Harry Potter. Néanmoins, Oxford est une très petite ville, donc après trois années, j'avais envie de continuer mes études dans une grande métropole comme Londres ou Paris. »*

Comme vous avez pu le voir, il est important que la situation géographique ou encore le climat, la taille et l'environnement de l'université répondent à vos attentes. Si vous aimez le calme et la nature, et appréciez être entouré d'un groupe solidaire et autonome, un campus rural pourrait être adapté. Si vous êtes plutôt du genre indépendant et que vous aimez sortir et rencontrer des étudiants de tous horizons, les universités urbaines vous plairont certainement. Enfin, pour allier dynamisme urbain et calme, vous pourrez toujours opter pour une université semi-urbaine dans une ville à taille humaine. Enfin, n'hésitez pas à vous rendre sur place pendant des journées portes ouvertes pour visiter les universités avant de faire votre choix. Vous pourrez ainsi échanger avec des étudiants sur leur expérience afin de mieux visualiser l'environnement qui sera peut-être le vôtre durant les prochaines années.

3| JOURNÉES PORTES OUVERTES : 6 BONNES RAISONS D'Y ASSISTER

Il n'y a rien de tel que de se rendre sur place pour découvrir les universités dans lesquelles vous envisagez de déposer votre candidature. Cela vous permettra de découvrir le cadre et les infrastructures et de poser toutes vos questions sur le cursus, les méthodes d'enseignement ou encore le logement et la vie étudiante ! Au cours des journées portes ouvertes, vous allez pouvoir découvrir ces universités de l'intérieur et vous mettre à la place d'un étudiant, le temps d'une journée. Ce sera donc l'occasion de découvrir l'environnement de l'université et d'échanger avec des étudiants et professeurs afin de choisir celle qui correspond le mieux à votre profil et à vos attentes.
Participer à une journée portes ouvertes offre de nombreux avantages.

Découvrir l'environnement de l'université et l'ambiance qui règne sur le campus pourra véritablement vous aider à vous projeter (ou non) au sein de l'université en question. Cette expérience vous permettra de rendre plus concret votre projet d'études et vous aidera à choisir l'université qui vous correspond le mieux. C'est également un moment opportun pour visiter les bâtiments et infrastructures de l'université : les cursus qui vous intéressent au sein de l'université, les installations sportives, les cantines ou cafétérias sur le campus, ou encore les logements étudiants.

Visiter la ville ou la région dans laquelle se situe l'université : qu'il s'agisse d'une université urbaine, rurale ou semi-urbaine, les journées portes ouvertes sont une excellente occasion d'évaluer l'environnement de manière plus large et de découvrir la ville et la région !

Rencontrer l'équipe pédagogique et recueillir des avis d'étudiants : au cours des journées portes ouvertes, le personnel enseignant et les étudiants ambassadeurs sont mobilisés et se tiennent à votre disposition pour répondre à toutes vos questions. Bon nombre d'universités organisent même des cours d'initiation pour permettre aux candidats de se mettre dans la peau d'un étudiant et ainsi se faire une idée du type d'enseignement dispensé au sein de l'université. Vous pourrez également assister à une ou plusieurs séances de présentation destinées à vous faire découvrir le fonctionnement de l'université et répondre à toutes vos questions. N'hésitez surtout pas à solliciter les étudiants qui fréquentent déjà l'université pour poser toutes vos questions pratiques. Leurs renseignements, appréciations et ressentis vous seront d'une aide précieuse pour comprendre les avantages et éventuels inconvénients de l'université.

Comparer les universités : si vous hésitez entre plusieurs universités, assister à des journées portes ouvertes vous permettra de collecter des informations concrètes pour vous projeter véritablement et vous aider à prendre la bonne décision. En comparant les expériences que vous aurez vécues au cours de ces journées, il vous sera sans doute plus aisé de faire votre choix. Cela peut être une question d'environnement, d'ambiance, de cours, de structure, de réputation, de situation géographique ou tout simplement de *feeling* ou d'intuition.

Prendre conseil auprès de vos proches peut vous aider à peser le pour et le contre de chaque université. Au cours de ces journées portes ouvertes, vos proches (parents, frères et sœurs ou encore amis) pourront vous accompagner et vous aider à analyser les avantages et les inconvénients propres à chaque université. Puisqu'ils connaissent votre personnalité, ils seront sans doute à même de vous fournir des pistes de réflexion auxquelles vous n'auriez peut-être pas pensé tout seul.

Montrer votre motivation : dans votre lettre de motivation ou au cours de votre entretien d'admission, le fait de mentionner votre présence à une journée portes ouvertes organisée par l'université peut constituer, pour le jury, une preuve de votre université qui peut jouer en votre faveur. Cela ne sera toutefois pas le cas dans toutes les universités : au Royaume-Uni ou au Canada, cette information ne sera par exemple pas prise en compte, mais cela peut être le cas dans certaines universités aux États-Unis (*demonstrated interest*).

Dans tous les cas, il sera généralement plus facile pour vous de rédiger votre candidature après avoir visité l'université et échangé avec des responsables des admissions ou des étudiants du cursus en question. Vous pourrez aussi expliquer les différents aspects du programme qui vous ont séduits lors de votre visite.

Quand ont-elles lieu ?

Les journées portes ouvertes ont lieu tout au long de l'année et se déroulent généralement le week-end. Pour consulter le calendrier des journées portes ouvertes des universités, le mieux est de vous rendre directement sur le site des universités ou éventuellement de vous référer au site opendays.com qui en liste un certain nombre. N'hésitez pas à contacter l'université par mail ou par téléphone pour avoir des renseignements supplémentaires ou planifier une visite de l'université en dehors des journées portes ouvertes. De nombreuses universités, notamment aux États-Unis, au Canada, aux Pays-Bas ou encore au Royaume-Uni, proposent des sessions d'information et des tours du campus plusieurs fois par semaine tout au long de l'année !

EXEMPLE DE CALENDRIER DES JOURNÉES PORTES OUVERTES DE QUELQUES UNIVERSITÉS

Établissement	Date(s)	Localisation
University of Oxford	*Autour du 3-4 juillet* *Autour du 20 septembre*	*Oxford, Angleterre*
University of Cambridge	*Autour du 4 juillet*	*Cambridge, Angleterre*

Établissement	Date(s)	Localisation
University College London (UCL)	*Autour du 28- 29 juin Autour du 7 septembre*	*Londres, Angleterre*
King's College London (KCL)	*Autour du 22 juin Autour du 6 juillet Autour du 7 septembre*	*Londres, Angleterre*
LSE – London School of Economics	*Autour du 4 juillet*	*Londres, Angleterre*
University of Warwick	*Autour du 21-22 juin Autour du 5 octobre Autour du 19 octobre*	*Coventry, Angleterre*
University of Bath	*Autour du 21-22 juin Autour du 14 septembre*	*Bath, Angleterre*
University of Exeter	*Autour du 7 septembre Autour du 21 septembre Autour du 19 octobre Autour du 23 octobre*	*Exeter, Angleterre*
Trinity College Dublin	*Courant novembre*	*Dublin, Irlande*

Établissement	Date(s)	Localisation
IE University	***Madrid*** *Autour du 14 juin* *Autour du 5 juillet* ***Ségovie*** *Autour du 15 juin* *Autour du 15 juillet*	*Madrid ou Segovia, Espagne*
Rotterdam School of Management (RSM), Erasmus University College (EUC)	*Samedi 5 octobre*	*Rotterdam, Pays-Bas*
ESADE	*Autour du 28 mars*	*Barcelone, Espagne*
University College Utrecht (UCU)	*Vendredi 15 novembre* *Samedi 16 novembre*	*Utrecht, Pays-Bas*
Bocconi	*Vendredi 22 février*	*Milan, Italie*
EHL	*Samedi 5 octobre*	*Lausanne, Suisse*
McGill University	*Autour du 25 octobre*	*Montréal, Canada*
HEC Montréal	*Autour du 28 janvier*	*Montréal, Canada*
New York University (NYU)	*Autour du 19-20 octobre*	*New York, États-Unis*

Visiter les universités en ligne

Si vous n'êtes pas en mesure de vous déplacer pour les journées portes ouvertes, il existe aujourd'hui de multiples ressources en ligne, et particulièrement sur YouTube, qui vous permettront d'obtenir de précieuses informations sur l'université et même de visiter le campus virtuellement. Il est selon nous à la fois intéressant de regarder des vidéos officielles de l'université mais aussi des vidéos de témoignages d'étudiants dans lesquelles ils évoquent tous les aspects de leur expérience : le logement, la nourriture, les cours ou encore leur vie sociale sur le campus – cela vous donnera une perspective plus personnelle et plus intime de la vie étudiante au sein de cette université.
Par ailleurs, il existe des sites pour certains pays, comme CampusReel.org pour les États-Unis, qui proposent des vidéos thématiques sur plus de 300 universités américaines.

4| CHOISIR UNE UNIVERSITÉ QUI CORRESPOND À VOTRE BUDGET

Pour tirer le meilleur de votre expérience universitaire à l'étranger, il faudra également veiller à choisir une université en adéquation avec votre budget. D'un pays à l'autre – et même d'une université à l'autre –, les frais de scolarité peuvent en effet varier de manière considérable : de 2 000 € pour des universités aux Pays-Bas jusqu'à 60 000 € pour certaines universités américaines ! Toutefois, rassurez-vous, la qualité de l'enseignement n'est pas proportionnelle au coût des études et il existe des universités réputées pour leur excellence académique pour toutes les bourses.
Toutefois, quelles sont les destinations à envisager en priorité selon votre budget ?

Les destinations plus accessibles (frais de scolarité de 0 à 10 000 € par an)

Si vous êtes à la recherche de frais de scolarité accessibles (inférieurs à 10 000 € par an) mais que vous ne voulez pas pour autant transiger sur la qualité de l'enseignement, certaines destinations telles que la Suède, les Pays-Bas, l'Écosse, la Belgique, le Québec, l'Irlande ou encore la Suisse sont à explorer.

Les frais de scolarité en Suède

En Suède, il existe de prestigieuses universités qui proposent des programmes entièrement en anglais et qui ont l'avantage d'être entièrement gratuits pour les étudiants de l'Union européenne (UE), de l'Espace économique européen (EEE) et de Suisse. Par exemple, la prestigieuse Stockholm School of Economics propose un cursus de bachelor de *Business and Economics* (Gestion et économie) en anglais tandis que l'université de Lund offre un bachelor de *Biomedicine* (Biomédecine) ou d'*International Business* (Commerce international) en anglais.
Pour plus d'informations
https://studyinsweden.se

Adrian, étudiant en bachelor d'*International Business* à l'université de Lund (Suède), nous raconte son expérience et les raisons pour lesquelles il a choisi la Suède pour son bachelor : « *J'ai décidé d'étudier à l'université de Lund en Suède car c'est l'une des rares universités suédoises qui proposait un programme de bachelor de Commerce international en anglais en seulement trois ans. La ville de Lund est également très agréable et pleine d'étudiants.*

En Suède, la procédure de candidature est assez simple et pour toutes les universités et se déroule sur le site universityadmissions.se. En ce qui concerne le processus de sélection des étudiants en bachelor, les places sont attribuées en fonction de la moyenne générale de votre diplôme de fin d'études secondaires (baccalauréat en France). Pour toute question concernant le processus de sélection, n'hésitez pas à vous adresser aux services d'admission des universités qui seront ravis de vous renseigner.

Je ne m'attendais pas à ce que nous soyons aussi nombreux quand je suis arrivé ici. Dans mon programme de Commerce international, nous sommes environ 85 étudiants. Ce que je préfère dans le cursus et dans mes études de manière générale, c'est que les exigences pour réussir chaque cours sont très claires : nous avons un travail de groupe et un examen pour chaque matière. Il faut obtenir au moins 50/100 dans chaque partie pour valider le cours.

Lund est une véritable ville universitaire et les étudiants peuvent participer à de nombreuses activités. Vous trouverez toujours des personnes avec qui passer du temps. Il y a également des salles de sport pour faire de l'exercice, des cours de danse latine, et même une salle de jiu-jitsu brésilien ! La ville et la vie étudiante ont beaucoup à offrir. L'université compte énormément d'étudiants étrangers et je m'y sens vraiment bien. De plus, la scolarité est entièrement gratuite pour les étudiants de l'Union européenne, d'Islande, du Liechtenstein, de Norvège et de Suisse ! »

Les frais de scolarité aux Pays-Bas

Les Pays-Bas vous offrent également la possibilité de choisir parmi plus de 2 000 cursus entièrement enseignés en anglais et de grande qualité. Le coût d'une année universitaire s'élève à environ 2 080 € pour un cursus dans une université publique.
Pour un cursus *liberal arts and sciences* à Amsterdam University College, comptez environ 4 435 € pour les frais de scolarité et environ 4 560 € pour le logement (pour un étudiant ressortissant de l'UE ou de l'EEE).
Pour plus d'informations
www.studyinholland.nl

Les frais de scolarité en Belgique

La Belgique offre des frais de scolarité attractifs (moins de 1 000 € par an) pour des cursus de qualité. Par exemple, les frais de scolarité à la Solvay Brussels School et à l'Université catholique de Louvain (UCL) s'élèvent à 835 € par an, quel que soit le cursus choisi (commerce, architecture, droit ou encore agronomie). De plus, à l'École supérieure des arts (ESA) Saint-Luc de Bruxelles, une année ne vous coûtera que 750 € par an.

Les frais de scolarité au Québec

Le Québec propose également des frais de scolarité plus avantageux aux étudiants français (frais de scolarité canadiens et non internationaux). En moyenne, les frais de scolarité pour un Français pour une année d'étude au Québec se situent entre 5 000 et 6 500 € selon l'université.

Les frais de scolarité en Irlande

L'Irlande compte sept universités publiques : Trinity College Dublin (TCD), University College Dublin (UCD), Dublin City University (DCU),

Maynooth University, National University of Ireland Galway (NIU Galway), University College Cork, et University of Limerick.
Le gouvernement irlandais a en effet mis en place une *free fees initiative* qui vous permet de bénéficier de frais de scolarité d'un maximum de 3 000 € par an à condition que vous soyez résident de l'EEE, qu'il s'agisse de votre premier diplôme universitaire et qu'il ait une durée minimum de deux ans.

Les frais de scolarité en Suisse

Les universités publiques en Suisse proposent des frais de scolarité attractifs. À l'université de Genève par exemple, ils sont fixés à 1 000 francs suisses (soit environ 940 €) par an. Toutefois, le coût de la vie dans des villes comme Genève ou Lausanne est élevé, ce qui aura un impact sur le coût global de vos études. Pour l'École polytechnique fédérale de Lausanne, les frais de scolarité s'élèvent à 1 420 francs suisses (environ 1 340 € par an) et 1 160 francs suisses pour HEC Lausanne (environ 1 095 € par an).
Pour certaines écoles comme la célèbre École hôtelière de Lausanne (EHL) qui propose un *Bachelor of Science in International Hospitality Management*, il faudra prévoir un budget global bien plus important : 142 000 € pour les quatre ans de bachelor. L'EHL octroie toutefois des bourses aux étudiants talentueux et prometteurs, en fonction des fonds disponibles et du nombre de candidats.

Les frais de scolarité en Roumanie

Pour vos études de médecine ou de médecine vétérinaire, les frais de scolarité s'élèvent à environ 5 000 à 6 000 € pour les universités de Iași, Cluj-Napoca et Victor Babes à Timisoara.

Les frais de scolarité au Portugal

Au Portugal, il faut généralement compter autour de 7 000 € par an pour les études paramédicales (comme, kiné, dentaire, vétérinaire) bien que cela puisse varier d'une université à l'autre.

Les destinations plus coûteuses (frais de scolarité supérieurs à 10 000 € par an)

Les frais de scolarité au Royaume-Uni

Jusqu'au Brexit, pour les ressortissants de l'UE, une année de bachelor coûtait en moyenne 9 250 £ (soit environ 10 000 €) en Angleterre, au Pays de Galles et en Irlande du Nord, et était même gratuite en Écosse. De plus, il était possible d'obtenir un financement du gouvernement britannique permettant de ne commencer à rembourser ses études qu'une fois dans la vie active, avec un salaire dépassant 26 575 £ par an (environ 30 000 €). En revanche, suite au Brexit, le gouvernement du Royaume-Uni a annoncé que les ressortissants de l'UE ne pourraient malheureusement plus bénéficier de ces frais de scolarité plus avantageux et du prêt du gouvernement britannique. Les étudiants de l'UE devront donc, à partir de la rentrée 2021 et dans tout le Royaume-Uni (Angleterre, Écosse, Pays de Galles et Irlande du Nord), débourser en moyenne entre 20 000 £ et 25 000 £ (entre 22 000 € et 28 000 €) par année d'études en frais de scolarité voire jusqu'à 34 000 £ (37 000 €) pour certains cursus ingénieur et même jusqu'à 45 000 £ (environ 50 000 €) par an pour un cursus de médecine. Quoi qu'il en soit, n'hésitez pas à contacter les universités ou à consulter leur site pour obtenir des informations précises et suivre l'évolution de la situation.

Les frais de scolarité en Espagne

Les frais de scolarité en Espagne varient de manière forte entre les universités publiques ou privées. Étant donné la grande compétitivité pour intégrer des universités publiques espagnoles en tant qu'étranger, il sera généralement préférable de vous tourner vers les universités privées.
Ainsi, une année de bachelor à l'IE University coûte entre 21 000 et 23 000 € par an selon les programmes, contre en moyenne 16 600 € à l'ESADE pour les étudiants européens. Pour aider les étudiants à financer leurs études, ces établissements prévoient des bourses pour les profils éligibles. Ces subventions – pouvant couvrir de 30 à 100 % des frais de scolarité de l'année selon les cas – sont accordées sur critères sociaux, mais aussi bien souvent en fonction du mérite de l'étudiant, de ses résultats académiques et de son implication au sein de l'université.
Pour les études de kinésithérapie, il faut généralement compter entre 7 000 € et 14 000 € l'année (cursus en français), et entre 16 000 € et 20 000 € par an pour les études de chirurgie dentaire et vétérinaire. Pour obtenir davantage d'informations quant aux frais de scolarité de ces établissements supérieurs ainsi que sur les conditions d'obtention d'une aide financière, vous pouvez consulter le site des universités.

Les frais de scolarité aux États-Unis

Les États-Unis font rêver beaucoup d'étudiants. Toutefois, le coût des études pourra s'avérer dissuasif pour un certain nombre. Dans beaucoup d'universités publiques ou privées, les frais de scolarité peuvent atteindre les 50 000 € par an, sans compter les frais annexes comme le logement et la nourriture.
Option financièrement plus avantageuse aux États-Unis, les ***community colleges*** vous permettront d'obtenir un ***associate's degree*** (équivalent d'un bac + 2 de type DUT ou BTS) puis, grâce à leur partenariat avec certaines universités, de rejoindre une université afin d'obtenir un diplôme de bachelor. Parmi les avantages, des frais de scolarité réduits

(entre 7 000 € et 10 000 € par an environ dans un *community college*) qui pourraient diminuer le montant total de vos études aux États-Unis, et des critères d'admission très simplifiés. Par ailleurs, certaines universités américaines moins sélectives et à la recherche d'étudiants internationaux offrent des bourses d'études (à travers des programmes comme Campus Access) qui permettent de réduire les frais à moins de 20 000 € par an.

Les frais de scolarité au Canada

Pour le Canada, en dehors du Québec, les Français ne bénéficient pas des frais de scolarité canadiens et sont donc considérés comme des étudiants internationaux. Pour l'université de Colombie-Britannique (UBC) ou de Toronto par exemple, il faudra compter environ 40 000 $CA à 50 000 $CA (soit entre 26 000 € et 33 000 € environ) par an pour les frais de scolarité uniquement.

Les frais de scolarité en Australie

En Australie, le coût des études peut varier entre 10 000 $ AUD et 50 000 $ AUD par an (soit entre 6 000 € et 30 000 € par an environ), et peut atteindre 60 000 $ AUD (soit près de 36 000 € par an) pour les études de médecine ou de chirurgie. Pour les universités du *Group of Eight* qui rassemble les huit meilleures universités du pays (University of Western Australia, Monash University, Australian National University, University of Adelaide, University of Melbourne, University of New South Wales, University of Queensland, University of Sydney), il faudra compter entre 18 000 € et 30 000 € par an environ. Dans certaines universités privées, il est parfois possible de faire un bachelor accéléré en deux ans, ce qui pourrait éventuellement permettre de réduire les frais de scolarité. De plus, selon Go Study Australia, l'un des avantages majeurs du pays est que l'immigration autorise les étudiants à avoir un job étudiant à hauteur de 20 heures par semaine pendant les périodes de cours, et à temps plein pendant les vacances, ce qui permet de financer votre vie quotidienne, d'autant plus que le salaire minimum en Australie est élevé (19 $ AUD de l'heure, soit plus de 11 € de l'heure). De plus, si vous souhaitez entrer rapidement sur le marché du travail sur place, vous pourrez opter pour un *Vocational Training Course* (VET), programme à vocation professionnelle qui permet l'obtention d'un *diploma* (bac + 1) ou *advanced diploma* (bac + 2), l'équivalent d'un BTS ou DUT en France. Le coût de ces formations – qui durent un ou deux ans selon les programmes – s'élève en moyenne à environ 10 000 $ AUD à 15 000 $ AUD par an (soit à peu près 6 000 € à 10 000 €).

D'autres solutions pour financer vos études à l'étranger

Outre les bourses et subventions auxquelles vous pourriez éventuellement avoir droit, sachez qu'il existe d'autres moyens de financer vos études. Vous pourrez par exemple décrocher un job étudiant ou encore faire un prêt étudiant avec des conditions souvent avantageuses : faible taux d'intérêt ou possibilité de ne rembourser qu'après avoir trouvé un emploi par exemple.

Les frais annexes

Précisons encore que les tarifs mentionnés plus hauts ne correspondent qu'aux frais de scolarité. À cela s'ajoutent les dépenses inhérentes à la vie courante : loyer, charges (eau, électricité, chauffage), nourriture, téléphonie, accès internet, assurance, frais de déplacements, achat de livres et fournitures, ou encore sorties, des dépenses qui peuvent être plus ou moins élevées selon les destinations. N'hésitez pas à vous rendre directement sur les sites des universités qui proposent souvent des tableaux estimatifs du budget global à prévoir pour une année d'études !
Pour ne pas avoir de mauvaises surprises, mieux vaut anticiper l'ensemble des dépenses afférentes à votre parcours universitaire. Pour vous aider à y voir plus clair, voici un **modèle de budget** à envisager pour étudier à Londres, une destination populaire mais coûteuse :

- **Location d'un logement privé :** environ 800 à 1 000 € par mois.
- **Nourriture :** de 300 à 400 € par mois.
- **Titre de transport :** environ 80 € par mois.
- **Sorties et loisirs :** de 200 à 400 € par mois.
- **Abonnement à un club sportif de l'université :** entre 20 et 30 € par an.
- **Abonnement téléphonique :** environ 20 € par mois.
- **Budget total :** 1 300 et 1 900 € par mois.

Par ailleurs, l'année universitaire ne durant que huit ou neuf mois par an, vous pourrez exclure du calcul de votre budget annuel la période estivale pendant laquelle vous ne serez pas forcément sur place !

Nos conseils pour votre budget

Soyez réaliste

Au cours du processus de choix de destination, essayez d'établir un budget prévisionnel détaillé pour savoir si vous ou votre entourage serez en mesure d'assumer toutes les dépenses auxquelles vous devrez faire face. Cela vous permettra également d'orienter vos choix vers certaines destinations ou universités. Le coût de la vie à Londres, New York ou Stockholm est, par exemple, bien supérieur à celui de villes comme Nottingham, Montréal, Madrid ou Utrecht.

Partagez vos frais

Si vous désirez louer un logement privé, pourquoi ne pas opter pour la colocation ? Cela vous permettra de partager le montant de la location ainsi que les factures en fonction du nombre de colocataires.

Ne sortez jamais sans votre carte étudiant

En tant qu'étudiant, vous avez droit à quelques traitements de faveur et pouvez bénéficier de réductions intéressantes susceptibles d'alléger quelque peu vos dépenses quotidiennes : gratuité des entrées au musée, économies sur vos places de cinéma, menus à prix réduits au restaurant ou encore remises sur votre carte de transport en commun, votre carte étudiante va devenir votre meilleure alliée.

Saisissez toutes les opportunités

Sachez également que certains événements (spectacles, cinémas, concerts, théâtre, opéra) sont même gratuits ou à prix très réduits pour les étudiants. Ouvrez bien l'œil et renseignez-vous pour profiter de ces avantages !

5| CHOISIR VOTRE UNIVERSITÉ SELON LES CLASSEMENTS INTERNATIONAUX

Comme nous l'avons indiqué précédemment, il existe beaucoup d'excellentes options pour vos études à l'étranger, mais certaines seront plus pertinentes que d'autres par rapport à vos propres critères : la langue du cursus, le type d'environnement recherché, la distance de vos proches, votre budget, ou encore la reconnaissance du diplôme obtenu en France et à l'étranger. Les classements internationaux peuvent également être un facteur dans vos choix.

En effet, il existe plusieurs classements qui visent à établir une hiérarchie entre les universités et donnent l'impression que certaines sont « meilleures » que d'autres. Si les classements peuvent d'une certaine manière révéler l'excellence de la recherche académique d'une institution, cela ne doit en aucun cas constituer le seul critère pour choisir votre université ! En effet, les critères pris en compte dans la majorité de ces classements n'auront en réalité qu'un impact limité sur votre expérience. De plus, certaines universités d'excellence ne sont pas présentes dans les classements internationaux car leur taille limitée, leur absence de programmes de masters ou d'autres facteurs ne leur permettent pas d'être incluses. Ainsi des *liberal arts colleges* aux États-Unis comme Williams, Amherst, Wellesley, Pomona ou en encore Middlebury ne figurent pas dans les classements internationaux alors qu'elles bénéficient en réalité d'une excellente réputation aussi bien du point de vue académique qu'auprès des employeurs. Ces établissements sont d'ailleurs parfois tout aussi sélectifs que certaines des universités les mieux classées – il convient donc de relativiser les classements et de considérer également tous les autres facteurs !

Nous vous présentons ci-dessous les classements mondiaux de référence, édités par le QS World University Rankings, le Times Higher Education (THE) et le classement de Shanghai.

Classements QS, Shanghai, THE : quelles sont les principales différences ?

Avant de découvrir le classement des meilleures universités internationales, il convient de faire le point sur les différences qui peuvent exister entre les palmarès publiés par le classement de Shanghai, celui du QS Rankings et celui du Times Higher Education. À noter que ce décryptage n'est pas simple car les critères d'évaluation de ces classements sont assez nombreux et parfois complexes. Prenons un exemple : le QS University Ranking met principalement l'accent sur la réputation académique de l'université qu'il cherche à évaluer. Le classement de Shanghai, quant à lui, tient compte du nombre de prix Nobel et de médailles Fields parmi les anciens étudiants ou membres du corps professoral de l'université. Cette simple différence peut déjà produire des résultats divergents et des classements assez dissemblables.

Quel classement est le plus fiable ?

En réalité, ces trois classements peuvent être un facteur de choix d'université mais ils ne doivent évidemment pas être les seuls car ils ne tiennent compte que de la dimension académique. Il faut aussi faire preuve de réalisme : mon profil académique me permet-il d'envisager des universités de tout premier rang ?
Parmi les critères du classement de Shanghai, on peut noter le nombre de diplômés ou professeurs ayant reçu un prix Nobel ou une médaille Fields, le nombre de chercheurs fréquemment cités dans des publications académiques ou encore le nombre de publications dans les revues les plus prestigieuses de sciences sociales et de sciences.
Celui du QS Rankings, quant à lui, se concentre sur les six critères suivants :
– la réputation académique (40 %) ;
– la réputation auprès des employeurs (10 %) ;
– le ratio professeur/étudiant (20 %) ;
– les citations par faculté (20 %) ;
– le ratio de professeurs internationaux (5 %) ;
– le ratio d'étudiants internationaux (5 %).

Le classement THE, quant à lui, propose une vision plus générale englobant à la fois les critères de recherche et de réputation de l'université, selon une méthodologie se basant sur 13 indicateurs de performance regroupés en 5 catégories :

- la **qualité de l'enseignement** et de l'environnement d'apprentissage ;
- les **perspectives internationales** visant à évaluer le ratio de professeurs et d'étudiants internationaux au sein de l'établissement, ainsi que le nombre de travaux de recherche écrits ou coécrits par un auteur étranger, et publiés par l'université ;
- les **citations** permettant d'évaluer l'impact et l'influence des travaux édités par l'université, au niveau national et international ;
- la **recherche**, prenant en compte le nombre de travaux publiés, mais aussi la réputation de l'établissement et sa reconnaissance sur le territoire national et au-delà ;
- le **transfert de connaissances**, permettant de mesurer l'impact de l'université sur le milieu industriel, et d'évaluer sa capacité à apporter des solutions innovantes et performantes aux problématiques rencontrées par les entreprises.

Justin, étudiant en ingénierie mécanique à l'University College London (UCL) (Angleterre), partage son point de vue sur l'importance des classements : « *Les classements des universités ont en effet été un des critères que j'ai considérés dans mon choix. Je pense que cela reflète la qualité et la réputation d'une université et, par là même, offre des opportunités intéressantes pour la suite. Cela dit, il faut appréhender les classements avec précaution, on ne doit pas les considérer comme absolus, il faut vérifier les critères de classement utilisés qui, d'un classement à l'autre, favorisent certaines universités. De plus, je pense que la priorité est à mettre sur ce qui nous correspond le mieux. Le simple fait qu'une université soit classée 10e du point de vue académique ne garantit pas qu'elle nous apportera une meilleure expérience d'apprentissage ou que la qualité de l'enseignement sera meilleure que dans une université classée 50e.* »

TABLEAU COMPARATIF DES DIFFÉRENTS CLASSEMENTS DES MEILLEURES UNIVERSITÉS INTERNATIONALES

Rang	QS World University Rankings (2020)	Times Higher Education (THE) (2020)	Classement de Shanghai (2019)
1	*Massachusetts Institute of Technology (MIT) USA*	*University of Oxford – RU*	*Harvard University – USA*
2	*Stanford University – USA*	*California Institute of Technology (Caltech) – USA*	*Stanford University – USA*
3	*Harvard University – USA*	*University of Cambridge – RU*	*University of Cambridge – RU*
4	*University of Oxford – RU*	*Stanford University – USA*	*Massachusetts Institute of Technology (MIT) USA*
5	*California Institute of Technology (Caltech) – USA*	*Massachusetts Institute of Technology (MIT) USA*	*University of California, Berkeley – USA*
6	*ETH Zurich (École polytechnique fédérale de Zurich) – Suisse*	*Princeton University – USA*	*Princeton University – USA*

Rang	QS World University Rankings (2020)	Times Higher Education (THE) (2020)	Classement de Shanghai (2019)
7	*University of Cambridge – RU*	*Harvard University – USA*	*University of Oxford – RU*
8	*UCL – RU*	*Yale University – USA*	*Columbia University – USA*
9	*Imperial College London – RU*	*University of Chicago – USA*	*California Institute of Technology (Caltech) – USA*
10	*University of Chicago – USA*	*Imperial College London – RU*	*University of Chicago – USA*

**RU = Royaume-Uni*

Comme vous pouvez le voir, les universités anglo-saxonnes dominent largement les palmarès, notamment grâce à la qualité de leur recherche et à leurs moyens financiers considérables.

Encore une fois, intégrer l'une des meilleures universités du monde selon ces classements ne signifie pas intégrer la meilleure université du monde pour vous ! En effet, ces universités ne conviennent pas à tous les profils et tous les projets et n'offrent pas nécessairement l'environnement qui vous correspond. De plus, intégrer un de ces établissements ne garantit en aucun cas d'avoir l'expérience universitaire la plus épanouissante, ni même les « meilleures » opportunités professionnelles par la suite. Dans la majorité des pays anglo-saxons, les résultats obtenus seront tout aussi et même plus déterminants que l'université dans laquelle vous aurez fait votre premier cycle. Choisissez donc une université dans laquelle vous vous sentirez bien et dans un environnement qui vous offrira les meilleures conditions possibles pour réussir !

Jade, étudiante en première année à l'université de McGill (Canada) précise avoir « *été un peu influencée par les classements, bien qu'ils ne soient pas si importants que ça. En effet, chaque classement possède ses propres critères, ce qui peut créer de grandes variations. La qualité de l'enseignement et la reconnaissance internationale de l'université sont un critère parmi tant d'autres. Les classements ne devraient pas être un critère de décision pour les étudiants car ils ne sont pas toujours très fiables* ».

Par ailleurs, les classements nationaux (*Guardian*, *The Sunday Times*) produisent généralement des résultats très variés. Il peut également, au sein d'une même université, y avoir des disparités d'un département à l'autre. Il peut donc être intéressant de consulter des classements nationaux pour connaître la réputation de l'université à l'échelle nationale. De plus, vous pouvez aussi comparer le classement mondial des universités dans leur globalité mais également par discipline. Certaines universités peuvent en effet être spécialisées ou mondialement reconnues dans certaines disciplines universitaires en particulier. Considérons par exemple certains classements nationaux des universités au Royaume-Uni.

Classement des universités au Royaume-Uni

Différentes revues publient chaque année un classement des meilleures universités du Royaume-Uni avec des indicateurs de performance différents. Par exemple, dans son palmarès des **120 meilleures universités du Royaume-Uni**, le célèbre quotidien britannique *The Guardian* se focalise sur les critères suivants :
- la **qualité de l'enseignement** dispensé ;
- les **avis d'étudiants** ayant fréquenté l'établissement ;
- les **possibilités de carrière** et la vitesse d'insertion sur le marché du travail ;

– les **frais** de scolarité ;
– la **proportion d'étudiants** par professeur ;
– le **pourcentage d'élèves qui continuent** en deuxième année.

En revanche, ce classement ne tient pas compte des travaux de recherche publiés par les universités car *The Guardian* considère qu'ils ne présentent que peu d'intérêt pour les étudiants.

TABLEAU RÉCAPITULATIF DU CLASSEMENT DES 10 MEILLEURES UNIVERSITÉS DU ROYAUME-UNI EN 2020

Ce tableau se fonde sur les classements nationaux (The Guardian et Complete University Guide) *et des classements internationaux* (THE et QS).

Rang	The Guardian	Complete University Guide	THE	QS
1	*University of Cambridge*	*University of Cambridge*	*University of Oxford*	*University of Oxford*
2	*University of St Andrews*	*University of Oxford*	*University of Cambridge*	*University of Cambridge*
3	*University of Oxford*	*University of St Andrews*	*Imperial College London*	*University College London (UCL)*
4	*Loughborough University*	*London School of Economics and Political Science (LSE)*	*University College London (UCL)*	*Imperial College London*

Rang	The Guardian	Complete University Guide	THE	QS
5	*Durham University*	*Imperial College London*	*London School of Economics and Political Science (LSE)*	*University of Edinburgh*
6	*University of Bath*	*Durham University*	*University of Edinburgh*	*University of Manchester*
7	*Imperial College London*	*Lancaster University*	*King's College London (KCL)*	*King's College London (KCL)*
8	*Lancaster University*	*Loughbo-rough University*	*University of Manchester*	*London School of Economics and Political Science (LSE)*
9	*University of Warwick*	*University of Bath*	*University of Warwick*	*University of Bristol*
10	*University of Exeter*	*University College London (UCL)*	*University of Bristol*	*University of Warwick*

Charles, diplômé de l'université de Durham (Royaume-Uni), précise qu'il « *pense que les classements ont une importance, en particulier pour se rendre compte de la spécialité de chaque université. Par exemple, : Durham est davantage réputée pour l'histoire plutôt que pour d'autres disciplines de sciences sociales, ce qui se reflète dans les classements, et dont j'ai pu me rendre compte durant mon expérience* ».

Vous pouvez également vous référer à la liste d'universités appartenant au Russell Group, qui représente les 24 meilleures universités publiques de recherche du Royaume-Uni. Toutefois, notez bien que certaines universités prestigieuses comme l'université de Bath ou de St Andrews n'en font pas partie, donc cela n'est pas forcément le seul indicateur à regarder !

Pour conclure, **Matthew, étudiant en ingénierie à l'université de Warwick (Royaume-Uni), nous invite à relativiser les classements aussi bien nationaux et qu'internationaux et précise qu'aujourd'hui :** « *Il existe tellement d'universités capables de fournir une formation de haut niveau que les classements me semblent assez peu importants. Pour choisir un établissement, il faut suivre son envie. Je suis profondément convaincu qu'un étudiant peut se sentir bien dans n'importe quelle université, à partir du moment où il apprécie son cursus et reste ouvert à de nouvelles expériences.* »

Comme le précise Anne Saci, coach en orientation, chacun a sa propre sa stratégie de réussite et cela ne passe pas forcément par l'intégration d'une université tout en haut des classements. L'essentiel est de finir par arriver en haut et d'atteindre ses objectifs !

6| CHOISIR SON PAYS SELON LE CURSUS ENVISAGÉ

Au-delà des critères budgétaires, du type d'environnement recherché et des classements internationaux, le choix du pays et des universités va aussi dépendre du type de cursus recherché. Selon votre choix de cursus, nous vous proposons un panorama des destinations à envisager selon votre projet.

Étudier les arts libéraux (*Liberal Arts*)

Vous vous intéressez à toutes sortes de disciplines et appréciez les approches transdisciplinaires ? Vous cherchez à appréhender l'environnement dans lequel vous évoluez, à comprendre le monde qui vous entoure et les lois et principes qui le régissent sans avoir à vous spécialiser dans un domaine précis ? Les arts libéraux sont faits pour vous !

L'origine des arts libéraux : un peu d'histoire

Bien que d'apparence relativement récente, l'étude des arts libéraux a vu le jour durant l'Antiquité. Les Grecs et les Romains considérant un ensemble de disciplines comme la base de toute culture et érudition. À l'époque, l'étude des arts libéraux s'organise en deux cycles : le trivium, et le quadrivium, respectivement axés sur l'expression orale et écrite et sur les mathématiques. Ces premiers cycles d'études sont alors considérés comme indispensables pour accéder à des disciplines plus complexes telles que la philosophie, la théologie et la métaphysique.

De l'Antiquité à l'époque moderne : les arts libéraux aujourd'hui

S'inspirant du modèle gréco-romain, les arts libéraux enseignés à l'heure actuelle dans les universités proposent aux étudiants des programmes interdisciplinaires leur permettant de bénéficier d'un

enseignement transversal mêlant souvent art et sciences, d'aiguiser leur culture générale et de développer un esprit critique.
Les matières proposées dans ces cursus varient d'un établissement à l'autre, mais généralement, on y retrouve les mêmes matières fondamentales :

- les **sciences humaines** qui étudient l'homme aussi bien à l'échelle individuelle que collective et englobent des matières telles que l'art, les langues, la littérature, les religions, et l'éthique ;
- les **sciences sociales**, visant à analyser les sociétés humaines, à appréhender les relations entre l'homme et son entourage et ses interactions avec l'environnement dans lequel il évolue. Les sciences sociales peuvent s'étudier à travers différentes matières telles que l'histoire, la politique, le droit, la psychologie, et l'économie ;
- les **sciences formelles** principalement axées sur l'étude des mathématiques, de l'informatique, et de la logique ;
- les **sciences naturelles** qui étudient l'environnement dans lequel nous évoluons à travers différentes disciplines telles que la biologie, la chimie, l'astronomie, et la géologie.

Le principal atout d'un cursus *liberal arts* est qu'il offre une grande souplesse au niveau du choix des disciplines. Les étudiants doivent valider un tronc commun de quelques matières fondamentales (souvent égal à deux à trois semestres d'études à plein-temps, soit 15 à 17 heures de cours en moyenne) et un certain nombre de crédits. Une fois ce tronc commun validé, vous êtes ensuite libres (d'où le terme *liberal*) de sélectionner les matières que vous souhaitez insérer dans votre programme d'études ainsi qu'un certain nombre de cours dans votre *major* ou spécialisation. C'est donc un cursus à la carte, permettant aux étudiants d'approfondir différentes disciplines, avant d'opter pour un domaine de prédilection, sur lequel se focalisera leur spécialisation ou *major*, que ce soit l'histoire de l'art, la chimie, les sciences politiques, la littérature, la photographie, le cinéma, ou encore les mathématiques. Toutes les matières ou presque sont envisageables !
Aux États-Unis, la plupart des *liberal arts colleges* proposent un cursus sur quatre ans tandis qu'il dure généralement trois ans au Royaume-Uni

et aux Pays-Bas, aboutissant à l'obtention d'un *Bachelor of Arts* (BA) ou d'un *Bachelor of Science* (BSc ou BS) selon la spécialisation que vous aurez choisie (à dominante *arts* ou *sciences*).

Dans l'immense majorité des universités américaines, la première et même la deuxième année universitaire se rapproche d'un programme de *liberal arts*. Les étudiants ont ainsi accès à des disciplines nombreuses et variées au début de leurs études, afin de leur permettre de choisir avec plus de facilité et de certitude le ou les domaines qu'ils souhaiteront approfondir dans le cadre de leur spécialisation. À noter qu'il est souvent possible de suivre une double spécialisation (*double major*) pour ceux qui souhaiteraient avoir le cursus le plus large possible. De plus, il est très commun pour un étudiant de choisir une option moins approfondie (*minor*) dans une matière qui peut être – mais n'est pas nécessairement – en lien avec la *major* choisie.

Cela étant dit, suivre un programme de *liberal arts* dans une université dédiée à ce type de programme – un *liberal arts college* (comme Williams, Amherst, Swarthmore ou Wellesley) – plutôt que dans une grande université recèle de nombreux avantages : de fait, les effectifs étant plus restreints que dans une grande université, les étudiants peuvent bénéficier d'une plus grande proximité avec les enseignants et donc d'un meilleur mentorat. Les interactions entre élèves et professeurs sont vivement encouragées et les étudiants sont invités à exprimer leurs points de vue. Les étudiants peuvent ainsi bénéficier d'un suivi personnalisé et solliciter fréquemment leurs professeurs qui sont encore plus accessibles qu'à l'université. Les *liberal arts colleges* mettent souvent en avant que les étudiants peuvent faire de la recherche dès la première année et qu'ils suivent l'ensemble de leur cours avec des professeurs permanents (*tenured professors*) dans des groupes de petite taille et n'auront pas à suivre des cours enseignés par de jeunes diplômés (*graduate assistants*) comme le feront leurs homologues dans de grandes universités de recherche (*research universities*). En effet, étant donné que les *liberal arts colleges* ne proposent généralement pas ou très peu de cursus de master, le bachelor est le cursus de prédilection et tous les professeurs enseignent donc aux étudiants de ce programme.

Par ailleurs, les *liberal arts colleges* sont généralement plus petits que les universités publiques ; par exemple, alors que l'université du Massachusetts Amherst (UMass) compte environ 30 000 étudiants, Amherst College, le *liberal arts college* situé à proximité, n'en compte que 1 800 !

Les meilleurs cursus *Liberal Arts and Sciences*

Les États-Unis, les Pays-Bas, le Royaume-Uni et, dans une certaine mesure, le Canada et l'Irlande font partie des destinations les plus réputées pour la qualité de leur programme de ***liberal arts and sciences***.

■ Aux États-Unis

Les États-Unis sont les premiers à avoir introduit l'enseignement du *liberal arts* au sein de leur système académique (au XIXe siècle). Le territoire américain abrite donc les plus anciens collèges de *liberal arts*, tels que Williams College dans le Massachusetts, ou encore les Claremont College en Californie, dont la réputation n'est plus à faire.

À titre indicatif, voici une liste de quelques ***liberal arts colleges* américains particulièrement réputés :**
- Williams College (Williamstown, MA) ;
- Amherst College (Amherst, MA) ;
- Swarthmore College (Swarthmore, PA) ;
- Wellesley College (Wellesley, MA) ;
- Bowdoin College (Brunswick, ME) ;
- Carleton College (Northfield, MN) ;
- Middlebury College (Middlebury, VT) ;
- Pomona College (Claremont, CA) ;
- Claremont McKenna College (Claremont, CA) ;
- Davidson College (Davidson, NC).

Emma, étudiante en quatrième année de bachelor à Pomona College en Californie (USA), nous explique les raisons de son choix :
« En visitant des universités aux États-Unis pendant le lycée, je me suis rendu compte que j'avais besoin d'un college avec un campus résidentiel, des cours en petits effectifs enseignés par des professeurs plutôt que par des assistants, un ratio professeurs/étudiants faible et la liberté de suivre des cours dans des disciplines variées – en résumé, tout ce que propose un liberal arts college. Le Pomona College de Claremont, en Californie, est rapidement devenu l'école de mes rêves et, trois ans plus tard, je suis plus que certaine d'avoir fait le bon choix ! La taille du college fait que vous avez vraiment le sentiment d'appartenir à une communauté : je croise tout le temps des personnes que je connais sur le campus ! De plus, les nombreuses équipes sportives, clubs et activités permettent d'avoir une vie sociale très active et de ne jamais s'ennuyer. Tout au long de la semaine, et surtout le week-end, les étudiants sont libres d'explorer les cinq campus de Claremont, ce qui me permet de rencontrer de nouvelles personnes tout le temps ! Nous sommes aussi encouragés à explorer les montagnes, plages et déserts à proximité et à profiter du fait que Los Angeles ne soit qu'à 40 minutes.
Mais ce que je préfère à Pomona, ce sont les gens ! Le personnel et les professeurs se soucient vraiment du bien-être des étudiants. De plus, tout le monde vient des quatre coins des États-Unis et du monde entier, ce qui permet vraiment d'élargir ses perspectives. J'ai tant appris et vécu d'expériences uniques grâce aux personnes que j'ai rencontrées. Pomona crée un environnement dans lequel les étudiants peuvent à la fois s'épanouir et grandir et je suis vraiment reconnaissante pour les trois années que j'y ai passées. »

■ Aux Pays-Bas

Les *liberal arts colleges* néerlandais jouissent d'une excellente réputation à la fois européenne et internationale. Les étudiants y bénéficient d'un enseignement de qualité, très proche de celui délivré par les *liberal arts colleges* américains, à des frais de scolarité bien moins élevés.

Les cours y sont dispensés en anglais, et les effectifs y sont volontairement restreints afin de permettre aux étudiants de profiter d'un enseignement personnalisé et interactif en petits groupes.
Aux Pays-Bas, le ***Bachelor of Liberal Arts*** se déroule sur trois ans avec en plus la possibilité d'effectuer un semestre d'échange à l'étranger.

Voici la liste des 10 *liberal arts colleges* aux Pays-Bas :
- Amsterdam University College (AUC) ;
- Erasmus University College à Rotterdam (EUC) ;
- Leiden University College à La Haye (LUC) ;
- University College Tilburg ;
- University College Fryslân (UCF) ;
- University College Groningen (UCG) ;
- University College Maastricht (UCM) ;
- University College Roosevelt (UCR) ;
- University College Utrecht (UCU) ;
- University College Twente (UCT) ;

Preksha, étudiante en deuxième année à Amsterdam University College (AUC), nous explique les trois raisons principales pour lesquelles elle a choisi AUC : « *1. Les cours en petits effectifs – AUC offre des cours en petits groupes (pas plus de 25 par classe) que j'aime parce que cela me permet de créer des relations interpersonnelles plus fortes avec les professeurs et les étudiants. Les professeurs sont également en mesure de fournir une véritable attention à chaque étudiant, ce qui facilite grandement la compréhension du cours. 2. L'environnement de l'université – j'aime beaucoup le fait que l'université soit située à Amsterdam, une ville très dynamique dans laquelle il y a toujours quelque chose qui se passe. J'aime aussi le fait que nous ne soyons pas en plein centre d'Amsterdam, mais suffisamment proches pour y aller à tout moment. Tous les étudiants de AUC doivent aussi vivre ensemble dans une résidence, ce qui est un vrai avantage j'ai vraiment l'impression de faire partie d'une communauté. 3. Les nombreuses opportunités d'apprentissage – AUC offre un grand nombre d'opportunités d'apprendre – aussi bien en classe qu'en dehors. J'ai vraiment l'impression d'avoir beaucoup grandi en* *tant que personne au cours des deux dernières années et d'avoir acquis beaucoup de compétences précieuses. »*

Julie, étudiante en deuxième année à l'University College Utrecht (UCU), témoigne de son expérience : *« J'avais vraiment du mal à savoir ce que je voulais faire après mon bac scientifique. J'avais l'impression d'être davantage scientifique au lycée mais c'est aussi parce que j'avais plus de cours de sciences. Je trouve que le système français demande aux étudiants de se spécialiser trop tôt et je comptais donc partir à l'étranger pour rejoindre un cursus multidisciplinaire. J'hésitais entre le Royaume-Uni, le Canada et les Pays-Bas, et j'ai finalement décidé de poursuivre mes études au University College de Utrecht (UCU). Il s'agit d'un programme international prestigieux de liberal arts and sciences qui est entièrement en anglais et basé sur le système américain. L'admission à UCU est assez sélective mais ne se base pas seulement sur les notes (même si j'avais environ 16 de moyenne au lycée). La lettre de motivation, la personnalité et la curiosité de l'étudiant pendant l'entretien comptent également pour beaucoup.*

À UCU, j'ai ainsi eu la liberté de prendre des cours de plusieurs disciplines afin de déterminer la spécialisation qui me correspond le plus. Pendant ma première année, j'ai pu prendre des cours de philosophie, de religion ou encore d'anthropologie. Au fur et à mesure du cursus, les étudiants sont encouragés à se spécialiser de plus en plus pour se concentrer finalement sur deux disciplines. Actuellement en deuxième année du programme, j'ai décidé de me spécialiser en neurosciences et en psychologie. Il s'agit vraiment d'un système éducatif très différent des autres car nous ne sommes que 27 en classe et les cours sont très interactifs.

De plus, les élèves de UCU habitent tous au sein du petit campus situé à quelques minutes à pied du centre d'Utrecht, et la vie en communauté est très importante dans ce système éducatif.

Ainsi, ma vie sociale et ma vie universitaire sont assez mélangées car mes cours sont juste à côté de ma résidence. Du point de vue de la charge de travail, l'organisation est primordiale.

Je m'étais dit qu'avoir seulement 16 heures de cours par semaine contrairement au 8-17 heures du lycée ne devrait pas poser de problème mais il faut savoir être discipliné. Je recommande vivement cette université car j'ai pu non seulement y découvrir mes intérêts mais aussi rencontrer des personnes du monde entier : les élèves sont à 50 % internationaux et 50 % néerlandais ! UCU offre de plus la possibilité de faire un échange pendant quatre mois partout dans le monde en troisième année. J'ai choisi une destination un peu hors du commun, l'Islande, mais beaucoup de mes amis ont opté pour la Californie ou l'Australie. »

■ Au Royaume-Uni

S'inspirant du modèle américain, de nombreuses universités au Royaume-Uni proposent aujourd'hui un ou plusieurs **cursus de *liberal arts***, afin de répondre à une demande grandissante d'étudiants de plus en plus attirée par l'interdisciplinarité qui caractérise ces programmes.

Voici quelques universités réputées au sein desquelles il est possible de suivre un programme de *liberal arts* :
- King's College London ;
- Royal Holloway, University of London ;
- SOAS, University of London ;
- University of Birmingham ;
- University of Bristol ;
- University College London (UCL) ;
- University of Durham ;
- University of Exeter ;
- University of Leeds ;
- University of Warwick ;
- University of St Andrews.

Hadrien, étudiant en bachelor d'*Arts and Sciences* à University College London (UCL), nous explique les raisons pour lesquelles il a choisi ce cursus : « *Au lycée, j'étais de ceux qui ne voulaient surtout pas faire des études supérieures trop spécialisées. Même choisir une filière m'a été très compliqué. Je faisais aussi partie de ceux qui ne se voyaient pas du tout rester dans des études très formatées et qui laissent peu de place au temps libre, comme la plupart des classes préparatoires. Après beaucoup de recherches et de doutes, je suis tombé sur le* Bachelor of Arts and Sciences *de UCL à Londres. Je suis actuellement en deuxième année de ce cursus, et je suis très content d'être tombé sur ce programme dont la flexibilité dépasse celle de tous les autres et me correspond totalement.*

Ainsi, j'ai pu continuer les mathématiques, découvrir les sciences informatiques, choisir de m'y spécialiser, tout en gardant les humanités (philosophie et lettres) qui me tiennent tant à cœur. J'ai aussi pu essayer de faire de l'économie (avant de facilement pouvoir arrêter), ainsi que de l'urbanisme.

*Les étudiants de ce programme suivent tous finalement un cursus unique et personnalisé. Ils sont responsables de se construire un cursus cohérent qui leur corresponde réellement. Normalement, on sort de son premier cycle d'études avec soit un BA (*Bachelor of Arts*), soit un BSc (*Bachelor of Science*). Ce programme est le seul à délivrer un BASc (*Bachelor of Arts and Science*). On doit certes choisir entre une majeure scientifique et une majeure artistique (dans les sens très larges des termes), mais dans la pratique, on peut vraiment étudier ce qu'on veut. C'est un bachelor en trois ans, quatre si on décide de prendre l'année à l'étranger proposée.*

Il y a aussi quelques cours communs et il est obligatoire d'apprendre une langue étrangère. Il s'agit tout de même d'un bachelor récent qui correspond à un profil assez particulier, et qui a certains défauts. Par exemple, certains modules communs obligatoires sur l'interdisciplinarité n'ont pas beaucoup d'intérêt à mon sens.

Il y a aussi la crainte récurrente de ne pas assez se spécialiser dans un domaine pour plus tard. Je n'ai personnellement pas cette crainte et je crois qu'un profil interdisciplinaire est un réel atout. Avant de choisir ce programme, je conseillerais tout de même d'être sûr d'apprécier que

le système d'études anglais avec son peu d'heures de cours et son aspect parfois impersonnel soient faits pour vous.
La vie à Londres peut être un obstacle pour certains. Néanmoins, je suis très épanoui dans mes études et je recommande fortement le Bachelor of Arts and Sciences *de l'UCL.* »

Blandine, étudiante en première année de *liberal arts* à King's College à Londres nous raconte son expérience : « *Le programme de Liberal Arts à King's me plaît beaucoup car il permet une grande flexibilité dans le choix des cours, ce qui est idéal quand on n'a pas une idée précise de ce que l'on souhaite faire. J'ai ainsi pu prendre des cours de géographie humaine, d'histoire du monde, de science politique et d'espagnol cette année avant de décider de me spécialiser en géographie humaine l'année prochaine.*
Le système anglais peut être assez déstabilisant au départ car nous avons beaucoup plus d'autonomie et de travail personnel qu'au lycée mais c'est un rythme qui me convient bien maintenant. L'université reste assez grande même si certains événements et projets de groupe sont organisés au sein du programme Liberal Arts pour nous aider à travailler ensemble et mieux nous connaître. Le fait d'être dans une résidence de King's a été idéal pour rencontrer d'autres étudiants. Beaucoup d'événements y sont organisés et il y avait aussi une salle commune (common room) où l'on pouvait tous se retrouver. Mes amis les plus proches sont quand même ceux de la résidence car le peu d'heures de cours fait qu'il est parfois plus difficile de créer des liens à l'université. J'aime beaucoup la vie à Londres et l'ambiance étudiante – il y a toujours des choses à faire et de belles opportunités. Je vais même normalement pouvoir passer un semestre d'échange à Melbourne en Australie pendant ma deuxième année ! »

Laura, étudiante à l'université de St Andrews (Écosse), témoigne de son expérience du cursus *sub-honours/honours* en Écosse qui s'apparente par certains aspects à un cursus *liberal arts* : « *La division entre sub-honours/honours en Écosse a beaucoup influencé*

mon choix : la flexibilité des deux premières années, qui m'ont même permis de passer d'une double à une simple licence en me rendant compte que je préférais vraiment le latin et le grec (classics), *tout comme le choix et la liberté des deux dernières années en termes de choix de cours est vraiment fantastique. Les études à St Andrews sont en effet divisées en deux catégories : les deux premières années s'appellent* « sub-honours » *et les deux dernières* « honours ». *Pendant les deux premières années, on a la possibilité de choisir trois modules à la carte : on entre donc à l'université avec une ou deux matières que l'on a choisies au moment de sa candidature et l'on peut en choisir d'autres en plus. Une de mes amies avait par exemple postulé à St Andrews en psychologie, et avait pris des modules de biologie et de philosophie en première et deuxième années. Une fois en troisième année, on se spécialise dans une ou deux disciplines (dans mon cas, je n'ai gardé que le latin et le grec ancien) et on peut choisir parmi plusieurs options de cours (par exemple, j'ai choisi un module sur l'histoire romaine et un autre sur la poésie grecque).*
Les deux premières années sont très utiles car elles permettent de mieux définir ce qui nous plaît : si j'étais rentrée avec l'objectif de faire à la fois des études de latin, de grec ancien et de littérature comparée, mes deux premières années de littérature comparée m'ont fait me rendre compte que je préférais largement le latin et le grec ancien !
De la même manière, quand on a des doutes sur son parcours, cela permet d'essayer plusieurs choses : mon amie qui était rentrée pour une licence en psychologie a finalement tellement aimé la biologie qu'elle est aujourd'hui en troisième année de licence de biologie uniquement ! C'est une flexibilité très utile si l'on n'est pas encore sûr de ce que l'on veut faire (puisque cela évite de devoir refaire la première année) mais qui est aussi agréable puisque cela permet à certains élèves d'essayer des cours qu'ils n'auraient jamais suivis autrement. »

Le contenu des programmes de *liberal arts* varie en fonction des universités. N'hésitez pas à vous renseigner auprès des établissements que vous souhaitez intégrer avant de postuler.

■ Au Canada

Le système universitaire canadien présente de nombreux points communs avec le système américain et vous permettra dans certaines universités anglophones comme UBC, Toronto ou McGill de faire preuve de flexibilité et de combiner plusieurs disciplines pendant votre diplôme.

Ainsi, Jade raconte son expérience à l'université de McGill : « *J'ai toujours souhaité postuler dans des universités étrangères pour avoir la possibilité de combiner les matières et élaborer un bachelor qui me donne une expertise dans les différents domaines qui m'intéressent. Cela était particulièrement possible au Canada, notamment à McGill qui me permettait par ailleurs d'avoir plus de temps pour choisir mon cursus (la deadline pour le choix des cursus étant en juin), un temps qui a été précieux dans ma réflexion. McGill me permettait même de modifier mon programme au cours de la première année, selon mon intérêt pour les cours initialement choisis. Alors que j'étais initialement inscrite en* major international development *(avec toujours un grand intérêt personnel pour les pays du Moyen-Orient) et en* minor economics, *j'ai fini par ajouter l'économie à ma* major *car j'ai réalisé à quel point cette matière était complémentaire au développement international, ainsi qu'à prendre une* minor *dans mon champ d'intérêt, les études du Moyen-Orient.* »

Jade met toutefois en garde contre le système canadien qui n'est pas forcément idéal pour tout le monde : « *Une importante adaptation de la part de l'étudiant est nécessaire. Le système est très différent du lycée, il est important d'être indépendant dans son travail, de prendre en main ses recherches et révisions, car personne ne nous dicte ce qu'il faut faire, et le succès d'un étudiant dépend uniquement de sa motivation, de son implication et de son autonomie dans son travail. Le piège dans lequel la plupart des étudiants en première année tombent est de laisser s'accumuler les cours sans les étudier et de les lier aux lectures à effectuer entre les cours jusqu'aux premiers* *examens et de se retrouver ensuite avec une charge de travail considérable lorsque le professeur explique ses attentes pour l'examen. Les notions enseignées nécessitent un travail constant et régulier pour assimiler les connaissances au fur et à mesure du déroulement du cours.* »

Pour celles et ceux qui souhaitent combiner arts et sciences, sachez que McGill propose également un *Bachelor of Arts and Sciences* qui donne beaucoup de flexibilité dans les choix de disciplines.

■ En Irlande

Même si les universités en Irlande vous demanderont de choisir une ou plusieurs matières dominantes au moment de votre candidature, des universités comme Trinity College et University College à Dublin offrent une certaine forme de flexibilité aux étudiants.

La majorité des programmes de bachelor offerts à Trinity durent quatre ans et peuvent même aller jusqu'à cinq ou six ans pour certains cursus en ingénierie ou en médecine. Trinity College jouit d'une excellente réputation dans tous les domaines et ses programmes sont parmi les plus sélectifs du pays. Sa faculté d'arts, sciences humaines et sciences sociales est d'ailleurs mondialement reconnue pour les langues modernes, la littérature, les sciences politiques, les études internationales et l'histoire. Trinity donne également aux étudiants la possibilité d'apprendre une langue vivante supplémentaire pendant ses études (dont le mandarin, l'espagnol, le coréen, le japonais ou encore l'allemand). De plus, le *broad curriculum* de Trinity permet aux étudiants de suivre 10 % de leurs cours dans d'autres départements de l'université (parmi lesquels la littérature, le cinéma, les langues, la philosophie ou encore la psychologie).

À l'University College Dublin (UCD), les programmes de bachelor durent généralement trois ou quatre ans. Pour les programmes de trois ans, il est possible d'effectuer une année supplémentaire afin d'obtenir un *Master of Arts*. De plus, de nombreux programmes à l'UCD offrent une grande flexibilité. Les étudiants peuvent ainsi tester un nombre important de cours durant leur première année avant de se spécialiser. Il existe également des diplômes conjoints au sein du département *Arts and Humanities*, qui permettent de combiner des disciplines variées. Ainsi le programme de *BA Arts* propose aux étudiants de combiner des disciplines aussi variées que l'histoire et la littérature anglaise, les mathématiques et la linguistique, ou encore les statistiques et l'allemand. Le choix vous appartient !

Par ailleurs, l'UCD offre également à ses étudiants la possibilité de suivre deux cours par an dans d'autres départements de l'université afin de s'ouvrir à d'autres disciplines à travers le programme *UCD Horizons*.

Étudier les sciences sociales

Les sciences sociales, qu'est-ce que c'est ?

Les sciences sociales sont un ensemble de disciplines académiques qui ont en commun l'étudie des interactions sociales entre les individus, les groupes et leurs environnements. Les sciences politiques, les relations internationales, l'économie ou encore la sociologie, la philosophie ou l'anthropologie font partie des disciplines les plus populaires du domaine des sciences sociales.

L'interdisciplinarité qui caractérise ces programmes s'appuie sur un enseignement transversal qui ouvre de larges horizons de carrière pour les étudiants. Parmi les disciplines enseignées, on trouve généralement le droit, l'histoire, les relations internationales, la géographie, l'économie et la philosophie politique. À travers la découverte et l'apprentissage de différentes disciplines, ces cursus permettent aux étudiants d'appréhender les systèmes politiques nationaux et internationaux et de réfléchir à la résolution de problèmes socio-économiques complexes. Tout au long de leur parcours, les étudiants vont apprendre à développer leur compétence d'analyse, de rédaction et de communication.

Pour les cursus de sciences politiques et relations internationales, certaines universités imposent des modules obligatoires de théorie des relations internationales et de philosophie politique ou de méthodologie, et permettent ensuite à leurs étudiants de personnaliser leur programme en choisissant des modules plus spécifiques centrés sur certaines périodes ou pays par exemple. Ce type de cursus peut toutefois varier en fonction des universités et des spécialisations. Il est ainsi possible d'aborder l'étude des sciences politiques sous l'angle des relations internationales ou européennes, notamment grâce à l'étude d'une langue supplémentaire (espagnol, allemand, italien, chinois et bien d'autres encore), et de passer une année d'études dans une université étrangère.

Marie, étudiante à l'université de Warwick en sciences politiques et relations internationales, nous raconte son expérience et les raisons de son choix : *« Le bachelor que j'ai choisi s'intitule* Politics and International Studies (PAIS) *et se déroule en trois ans. Cette formation me permet de découvrir des matières jusqu'à présent inconnues telles que les sciences politiques. Certaines sont obligatoires et d'autres sont à choisir parmi une liste de nombreux modules optionnels. Cela permet de s'orienter vers des matières adaptées à ses envies, de la sociologie à l'économie en passant par les langues. En première année, nous avons deux trimestres de cours et un troisième est consacré à la révision des examens.*

De nombreuses choses m'ont conquise à Warwick ! Un campus neuf et moderne avec un grand nombre d'infrastructures à notre disposition. Une bibliothèque, une salle de sport, plusieurs salles de travail, des restaurants, etc. Un large choix de ressources est mis à notre disposition avec une bibliothèque en ligne gigantesque. La vie étudiante est très agréable avec de nombreuses associations sportives et culturelles. Quant aux logements, ils sont sur le campus la première année, ce qui permet de s'intégrer plus facilement. Cependant, il faut tout de même souligner que ce système n'est pas adapté à tout le monde. En effet, un total de douze heures de cours par semaine nécessite de l'organisation, de la rigueur et de la motivation car la plupart du travail se fait seul avec nos livres. Tout est en anglais et les moyens de notation sont différents de ceux vus dans le passé, ce sont majoritairement des essays ou rédactions (dans mon cursus en tout cas).

Je suis heureuse d'avoir fait ce choix et j'attends avec impatience les deux années à venir ! »

LISTE D'ÉTABLISSEMENTS ÉTRANGERS

Aux États-Unis	Au Canada
Columbia University *Duke University* *Georgetown University* *Harvard University* *New York University (NYU)* *Princeton University* *Stanford University* *University of California, Berkeley* *University of Chicago* *University of California, Los Angeles (UCLA)* *University of Michigan, Ann Arbor* *University of North Carolina (UNC), Chapel Hill* *Yale University*	*McGill University* *University of British Columbia (UBC)* *University of Toronto*
Au Royaume-Uni	**Aux Pays-Bas**
Durham University *King's College London* *London School of Economics and Political Science (LSE)* *School of Oriental and African Studies (SOAS)* *University of Bath* *University of Birmingham* *University of Bristol* *University of Cambridge* *University College London (UCL)* *University of Edinburgh* *University of Essex* *University of Exeter* *University of Manchester* *University of Oxford* *University of St Andrews* *University of Warwick*	*Leiden University College (LUC)* *Amsterdam University College (AUC)* *Utrecht University College (UCU)* *University College Groningen (UCG)* *University College Maastricht (UCM)* *Leiden University* *Maastricht University* *University of Amsterdam* *Utrecht University* *Vrije Universiteit (VU) Amsterdam*

Quelle destination choisir ?

Pour vous permettre de faire le bon choix, découvrez une liste d'établissements étrangers (États-Unis, Canada, Royaume-Uni et Pays-Bas) proposant d'excellents programmes de sciences sociales.

Étudier la gestion ou le commerce

Le *Bachelor of Business Administration* (BBA) est une formation post-bac, axée sur la gestion d'entreprise, qui se déroule généralement sur trois ou quatre ans. Ce type de formation s'adresse aux étudiants souhaitant poursuivre une carrière internationale dans le domaine du commerce. Pour répondre à la demande grandissante des étudiants, de nombreuses écoles de commerce à travers le monde offrent désormais des cursus de BBA. Si ces écoles de commerce ou *business schools* ont de nombreux points communs (enseignement interactif, cours en anglais ou encore possibilité d'alternance), elles se distinguent aussi par leurs frais de scolarité, pouvant aller de 2 100 € aux Pays-Bas à plus de 60 000 € l'année aux États-Unis !

Les programmes à travers le monde

Voici un petit tour d'horizon des programmes de BBA proposés à travers le monde.

- **Au Royaume-Uni**

Le Royaume-Uni abrite sur son territoire des cursus de *business management* qui attirent chaque année des milliers d'étudiants internationaux. On peut notamment mentionner des *business schools* prestigieuses telles que la Warwick Business School, la School of Management de l'université de Bath, l'Alliance Manchester Business School, la CASS Business School à Londres ou encore la Business School de l'université d'Exeter.

Par ailleurs, des universités de tout premier rang à Londres, comme la London School of Economics (LSE), King's College London (KCL) ou encore University College London (UCL), proposent également des programmes d'économie ou de management très réputés et sélectifs. Enfin, l'université d'Oxford propose aussi un cursus d'économie et management particulièrement compétitif : seul 1 candidat sur 14 y est admis.

Sigrid, étudiante en économie et économétrie à l'université d'Exeter en Angleterre, raconte son expérience du système universitaire anglais dans lequel l'autonomie et la discipline personnelle sont de rigueur : « *Je pense qu'il est important de réaliser l'importance du travail personnel dans le système anglais. Nous sommes très libres, la plupart des cours ne sont pas obligatoires et il faut demander pour obtenir de l'aide. C'est un système qui ne convient pas à tout le monde : les étudiants anglais ont appris à être indépendants très tôt (car beaucoup viennent de pensionnats), mais ce n'est généralement pas le cas des étudiants étrangers. Il faut être préparé à un certain choc. Heureusement, les notes obtenues en première année ne comptent pas pour la note finale de licence, donc vous aurez une première année pour vous adapter.* »

■ En Suisse

HEC Lausanne propose deux *Bachelors of Science*, un en économie politique et un en management.

Il existe un tronc commun pour les deux premières années et la spécialisation intervient en troisième année. Après l'obtention de votre bachelor, vous aurez la possibilité d'intégrer l'un des masters proposés par la faculté. Ces deux bachelors ont une orientation quantitative très forte dès la première année – il vaut donc mieux aimer les maths pour rejoindre HEC Lausanne. Les enseignements en mathématiques, statistiques, comptabilité et systèmes d'information représentent en effet plus de deux tiers du programme.

Alice, étudiante en troisième année de bachelor à HEC Lausanne, nous explique pourquoi elle a fait ce choix : « *Après mon bac S à Annecy, j'envisageais de faire une classe préparatoire commerciale en France mais je ne me voyais pas forcément suivre un rythme aussi intense pendant au moins deux ans. Intégrer HEC Lausanne juste après le bac me semblait donc une très bonne solution qui me permettait d'intégrer une école de commerce très réputée tout de suite après le bac.*

HEC fait partie de l'université de Lausanne – il s'agit donc d'un système universitaire assez peu encadré : cela nécessite donc de travailler de manière très indépendante car il n'y a presque que des cours magistraux avec plusieurs centaines d'étudiants les deux premières années. Les profs restent toutefois très accessibles et sont dans l'ensemble vraiment excellents. Le système m'a beaucoup plu car il est très flexible et permet d'organiser son travail comme on le souhaite. D'autres étudiants ont plus de mal à s'organiser et à travailler de manière autonome. Toutefois, à partir de la troisième année, il y a beaucoup plus de contrôles continus et de travaux de groupe. La seule condition d'admission à HEC est d'obtenir au moins 10 de moyenne au bac mais la première année est réputée comme très sélective : seulement 30 % des étudiants passent directement en deuxième année (environ 900 en première année et seulement 400 en deuxième année). Les épreuves de mathématiques et de statistiques de première année posent souvent problème aux étudiants mais je trouve que mon bac S en France m'avait très bien préparé pour réussir ! La majorité des cours sont en français mais dès la deuxième année il est possible de prendre certains cours en anglais. En troisième année, les étudiants ont la possibilité de choisir entre la spécialisation Économie politique et Management. J'ai aussi eu la chance de pouvoir faire un échange à la Complutense de Madrid pendant six mois pendant ma troisième année.

Avec plus de 25 000 étudiants, la vie étudiante à Lausanne est très riche et il y a beaucoup de soirées et événements organisés par HEC même si les bars ferment relativement tôt (Suisse oblige) !

Les frais de scolarité d'HEC Lausanne sont très avantageux (1 000 € par an environ), même si la vie à Lausanne est relativement chère.

Pendant mes deux premières années, mon logement en colocation revenait à environ 800 € par mois. Il existe certaines résidences au sein de l'université de Lausanne mais il y a malheureusement plus de demandes que d'offres !
La vie à Lausanne est très agréable – j'ai choisi de partir seulement six mois car j'adore vivre ici. Je me suis fait un super groupe d'amis et le cadre de l'université au bord du lac est vraiment idyllique, l'environnement très propre et confortable. De plus, le centre sportif propose plus de 120 sports et est entièrement gratuit !
J'hésite encore à faire une année de césure avant de poursuivre mon deuxième cycle à HEC Lausanne qui propose d'excellents masters de finance, comptabilité, management... Dans tous les cas, je ne regrette absolument pas mon choix ! »

■ **Aux Pays-Bas**

La ***Rotterdam School of Management*** aux Pays-Bas offre un programme en **International Business Administration (IBA)** d'excellence en trois ans à forte dimension internationale avec des échanges dans des universités étrangères très prestigieuses telles que la Wharton School of the University of Pennsylvania (UPenn) ou encore l'University of Southern California (USC).

Yanis, étudiant du *BSc in International Business Administration* (IBA) à RSM, raconte son expérience : *« Après mon bac S en section internationale, deux grandes voies s'offraient à moi : la classe prépa ou l'université à l'étranger. J'étais d'abord convaincu qu'étudier en France était la suite logique dans la poursuite de mes études mais, pour être honnête, je n'avais ni envie de supporter le stress d'une classe prépa, ni celle d'être conditionné à devenir une "bête de concours". Non, ce dont j'avais réellement envie, c'était de commencer à apprendre des choses qui me serviraient, et surtout qui m'intéressaient ! Je me suis donc renseigné sur quelques universités puis j'ai envoyé ma candidature à celles qui semblaient me convenir le mieux. C'est donc comme* *ça que j'ai été amené à étudier à la Rotterdam School of Management (RSM), Erasmus University aux Pays-Bas.*

Le programme que j'étudie, International Business Administration (IBA), me permet de découvrir de nouvelles matières tous les trimestres et ainsi de voir celles qui m'intéressent le plus. Par exemple, lors du troisième trimestre, nous avons étudié la finance, l'économie, les statistiques et l'utilisation d'Excel, me permettant de découvrir un intérêt pour la macroéconomie. De plus, ce programme est très peu onéreux pour les étudiants européens (environ 1 000 € la première année, puis 2 000 € pour les suivantes), comparé à d'autres formations. Nous y avons aussi de nombreuses opportunités de travailler en groupe sur divers projets avec des gens venant du monde entier, de s'inscrire dans toutes sortes d'associations universitaires, de prendre des cours supplémentaires pour apprendre une langue, etc. En troisième année, il est même possible de réaliser un échange de six mois dans une des 100 universités partenaires pour découvrir un nouveau système éducatif et de potentielles écoles pour poursuivre ses études.

Toutefois, je ne pense pas que ce système soit adapté pour tout le monde non plus. Il faut être capable de s'organiser et de travailler seul sans que des devoirs soient donnés d'un cours sur l'autre. Les cours, qui sont tous en anglais, se font principalement dans des amphis (cours magistraux appelés lectures*) d'environ 500 personnes et ne dépassent pas les 15 heures par semaine ! Il y a également des workshops, généralement quatre par semaine (deux fois deux heures) avec environ 70 personnes et un TA (*teaching assistant*) qui fait le cours pour nous aider sur ce qui a déjà été vu en amphi.*

Les sessions d'examens ont lieu à la fin de chaque trimestre et durent environ une semaine, le temps d'évaluer les trois à quatre matières du trimestre. L'évaluation comprend aussi parfois des travaux de groupe qui sont réalisés pendant le trimestre et comptent un certain pourcentage de la note finale. Néanmoins, la plupart du travail se fait généralement seul face à un livre. C'est pourquoi, en première année, environ un tiers des élèves se voient contraints de quitter le programme car ils n'atteignent pas les notes suffisantes. En revanche, les professeurs et leurs assistants ne refuseront jamais de vous aider ; ils sont très accessibles et heureux de partager leurs connaissances. J'habite dans un appartement individuel qui est en dehors de l'université, mais il existe aussi des résidences étudiantes à proximité du campus ! Enfin, cerise sur le gâteau, le campus est très bien conçu avec des salles d'étude toujours à disposition, une grande librairie ainsi que de multiples installations sportives. Avec un peu de recul aujourd'hui, je ne regrette absolument pas ce choix. »

Elisa, étudiante en troisième année du même bachelor ajoute : « *Comme de nombreux élèves de terminale voulant étudier le commerce en post-bac, j'avais d'abord pensé à faire une prépa. Néanmoins, le choix international m'a vite paru évident car j'avais envie d'avoir plus d'autonomie et de me challenger en vivant loin de mes parents. De plus, j'ai eu la chance de faire une grande partie de ma scolarité dans une école internationale, ce qui m'a poussée à me renseigner sur les options à l'étranger. Après mûre réflexion, j'ai fini par sauter le pas, et j'étais très excitée (mais aussi très nerveuse) quand j'ai reçu mon offre d'admission de la Rotterdam School of Management (RSM).*

RSM est la faculté de commerce et management de l'Erasmus University Rotterdam, qui tire son nom d'Érasme, le philosophe humaniste, dont Rotterdam est la ville d'origine. L'université a son propre campus (appelé Woudestein), situé à une petite quinzaine de minutes à vélo du centre-ville.

Concernant les méthodes d'enseignement, nous avons très peu d'heures de cours par semaine, mais beaucoup de travail personnel. Cela m'a vraiment appris l'autodiscipline et m'a permis de mieux gérer mon temps, entre les cours, les sorties entre amis, les courses, le ménage etc.

On ne pense pas aux Pays-Bas lorsqu'on veut étudier à l'étranger, et pourtant la vie ici est très agréable, et il est facile de s'adapter. La météo n'est pas extraordinaire (elle alterne souvent entre la pluie et le vent) mais il n'y a pas de barrière de la langue parce que tous les Néerlandais ont un bon niveau d'anglais. Beaucoup de bachelors et de masters sont d'ailleurs enseignés dans cette langue à travers tout le pays. De plus, les Pays-Bas étant très petits, il est facile de visiter d'autres villes comme La Haye, Amsterdam ou Utrecht en une journée (toujours sympa quand on veut se changer les idées le week-end). Rotterdam est une ville très étudiante, l'Erasmus University compte à elle seule plus de 30 000 étudiants dont énormément d'élèves internationaux. La ville regorge donc de bars, cafés, restaurants, boîtes de nuit : on ne peut pas s'ennuyer !

Les études coûtent peu cher comparé aux grandes écoles françaises ou aux universités anglaises. Tous les étudiants européens bénéficient du même tarif que les étudiants néerlandais. Ce qui veut dire que les frais de scolarité s'élèvent à un peu plus de 2 000 € par an. C'est, néanmoins, légèrement contrebalancé par les frais de logement, généralement entre 500 et 600 € par mois.

RSM bénéficie d'une excellente réputation en Europe. L'International Business Administration Bachelor *ne déroge pas à la règle, puisqu'il y a une sélection à l'entrée. La charge de travail est importante mais gérable, surtout venant du système français où nous sommes habitués à pas mal d'heures de cours et de travail personnel. Il y a clairement un temps d'adaptation nécessaire les premiers mois parce que le système universitaire n'a rien à voir avec le système du lycée. Mais on se rend vite compte que tout le monde est dans le même bateau, ce qui rend la chose plus facile. Le bachelor est super international et sur une promo de presque 600 élèves, plus de 60 % sont étrangers. C'est très rare de trouver autant de diversité au niveau bachelor et c'est pourquoi c'est un des plus gros avantages selon moi.*

De plus, nous avons l'occasion de partir en échange dans de prestigieuses universités partout dans le monde au premier semestre de la troisième année. J'ai eu la chance de pouvoir étudier à la National University of Singapore, qui est une des meilleures universités d'Asie.

Enfin, l'université offre des opportunités intéressantes pour se développer en dehors de nos études, avec la possibilité de rejoindre de nombreuses associations étudiantes. J'ai eu l'occasion de faire partie d'un programme extrascolaire focalisé sur la Silicon Valley et l'entrepreneuriat. Le point culminant de l'année a été le voyage d'une semaine à San Francisco où nous avons visité des entreprises comme

Google, Salesforce ou Dropbox. Ce fut réellement un voyage inspirant et unique.
En bref, ces presque trois années passées à RSM ont transformé ma perspective sur le monde et m'ont vraiment permis de grandir en tant que personne. J'ai la chance d'avoir vécu des expériences uniques et rencontré des personnes géniales ! De plus, ça m'a permis de conforter mon niveau d'anglais, tant écrit que parlé. Je sais que ça peut faire très peur de se lancer mais je pense que RSM est un bon point de départ pour qui veut se challenger autant au niveau académique que personnel. »

D'autres universités aux Pays-Bas proposent également des cursus de commerce international. L'université de Maastricht propose ainsi un *Bachelor of International Business* en trois ans qui offre une approche pédagogique innovante grâce à l'apprentissage par résolution de problèmes en petits groupes (*problem-based learning* ou PBL). Par ailleurs, l'université VU à Amsterdam propose également un *Bachelor of International Business Administration* en trois ans et entièrement en anglais.

■ En Italie, l'université Bocconi

L'Università Commerciale Luigi Bocconi de Milan est un établissement cosmopolite qui accueille chaque année quelques milliers d'étudiants internationaux pour des programmes de bachelor en économie et management. Classée troisième meilleure Business School d'Europe par le *Financial Times* 2019, la Bocconi dispense depuis toujours, un enseignement de haut niveau dans les disciplines de l'économie et du management, très tourné vers l'international. Toutefois, l'admission en bachelor à la Bocconi passe par un test d'entrée extrêmement difficile et dont le taux de succès pour les étudiants français est très faible. Si vous souhaitez vraiment rejoindre cette école, il est donc recommandé de candidater à la ***early session*** qui a généralement lieu au mois de juin en fin de première. Il est aussi plutôt conseillé de passer le **test SAT** (plutôt que le Bocconi test) car vous aurez la possibilité de le repasser à plusieurs reprises afin d'améliorer votre score. L'idéal est de viser un score minimum de 1 350 sur 1 600 au SAT afin de maximiser vos chances d'admission.

Jeanne, diplômée du *bachelor International Economics and Management* à la Bocconi, explique : *« Le campus de la Bocconi présente l'immense avantage d'être situé à Milan, tout près du quartier des Navigli. Milan est très agréable en tant qu'étudiant et les options pour le week-end sont nombreuses : les lacs, les montagnes, la mer. »* *Elle ajoute par ailleurs : « Le système italien peut être déroutant de prime abord mais il est très responsabilisant et permet d'augmenter sensiblement son niveau général : au lieu de se contenter de passer de justesse un examen en se disant qu'on a fait ce qu'on pouvait, on peut choisir de retravailler et de repasser l'examen jusqu'à maîtriser la matière en question ! »*

■ En Espagne, l'ESADE et l'IE

L'IE University et ses campus à Madrid et Ségovie ainsi que l'ESADE à Barcelone sont mondialement réputées pour le commerce et proposent des programmes de BBA d'excellence en quatre ans.

À l'ESADE comme à l'IE, le programme est entièrement en anglais et offre un semestre d'échange dans une université partenaire à l'étranger. Ces deux cursus permettent tous deux d'allier théorie et pratique.

Victoire nous explique pourquoi elle a choisi ce programme et l'IE :
« Je voulais étudier le commerce, mais sans passer par le cursus français prépa/école de commerce. Ce qui m'a attirée dans ce cursus, c'est qu'il touche un peu à tout, il est très général. Les cours sont assez poussés dans tous les domaines, ce qui permet de sortir du bachelor avec un profil complet et de pouvoir envisager différents types de masters.
J'avais également postulé à la Bocconi en Italie dans un cursus similaire où j'ai été acceptée. J'ai choisi d'aller à l'IE car je connaissais des personnes dans les deux universités et les cours à l'IE étaient plus

des "travaux pratiques" et des projets de groupe alors qu'à la Bocconi, les cours sont beaucoup plus axés sur la théorie. Une deuxième raison est que je parlais déjà un peu espagnol avant et que je voulais m'améliorer. Les cours étant en anglais, cela m'a permis de devenir trilingue. Et puis Madrid est une super ville où il fait beau presque tous les jours !
Le contenu du cursus m'a moins influencée que d'autres facteurs tels que le pays ou le classement, mais il a quand même été important dans mon choix. Ce qui m'a plu, c'est qu'il est très complet et permet d'étudier tous les aspects du commerce comme la finance, la comptabilité, le marketing, le management, les RH et plein d'autres !
L'IE propose deux campus : un à Ségovie, une petite ville à une heure de Madrid, et l'autre à Madrid. Il y a la possibilité de faire tout son cursus à Madrid ou deux ans à Ségovie et deux ans à Madrid (le bachelor dure quatre ans). Le campus de Ségovie est vraiment magnifique et parfait pour rencontrer des gens, comme c'est petit tout le monde se connaît. Le point négatif est qu'il y a moins de choses à faire. Le campus de Madrid est situé en plein cœur de la ville, dans le quartier de Salamanca, ce qui est vraiment idéal. J'ai fait tout mon cursus à Madrid et j'ai vraiment adoré car la ville est géniale avec énormément d'activités. Cependant le campus est assez petit, il n'y a qu'une cafétéria et pas beaucoup d'espace. Il est en cours d'agrandissement avec la construction d'une tour (nouveau campus pour la rentrée 2020).
Étudier à l'étranger est une expérience extraordinaire qui permet de devenir indépendant plus vite, de découvrir de nouvelles cultures et d'être plus ouvert d'esprit. Dans un monde de plus en plus marqué par la mondialisation, je pense qu'avoir étudié à l'étranger et parler plusieurs langues est un véritable atout. »

Jean-Eudes, étudiant à l'IE sur le campus de Ségovie ajoute : *« Je n'ai en fait présenté que deux écoles à l'étranger, Bocconi à Milan et IE University en Espagne. Partir à l'étranger n'était pas pour moi une évidence, j'ai hésité entre cette option et le système français des classes préparatoires aux écoles de commerce. Après avoir discuté avec plusieurs personnes, je me suis dit que l'enseignement pratique* *et appliqué des universités étrangères, particulièrement à IE, me correspondait mieux, et que l'ouverture internationale serait vraiment enrichissante, ayant toujours vécu en France. »*

Toutefois, il faut bien noter que les frais de scolarité sont relativement élevés dans ces deux écoles : comptez entre 21 000 € et 23 000 € par an à l'IE et 16 950 € par an à l'ESADE. Mais, l'IE propose des bourses d'excellence allant jusqu'à 10 000 € par année d'études.

Comme l'indique **Victoire, étudiante en BBA à l'IE** : « *Je suis une fellow, c'est-à-dire que j'ai obtenu une bourse grâce à mes résultats : j'ai dû offrir des cours de soutiens en maths et je suis chargée de faire faire le tour du campus et d'être un des ambassadeurs de l'IE lors des journées portes ouvertes.* »

■ À l'étranger mais dans une école française

De plus en plus de grandes écoles françaises qui n'étaient jusqu'à présent ouvertes qu'aux étudiants de classes préparatoires proposent aujourd'hui des cursus de BBA post-bac avec une forte dimension internationale.

Ainsi, l'**ESSEC Business School** qui possède deux structures en France (Cergy et La Défense) et deux autres à l'étranger (Rabat et Singapour) propose un programme de BBA en quatre ans. Toutefois, il est accessible *via* le **concours Sésame pour les étudiants français** passant leur bac en France.

Par ailleurs, l'**ESCP Business School** présente dans différents pays européens un cursus de *Bachelor in Management* très international puisqu'il permet de faire trois campus différents en trois ans (Londres, Madrid ou Turin, Berlin ou Paris).

Enfin, l'**EM Lyon** ou encore l'**EDHEC** proposent également des programmes de *global BBA* en quatre ans, qui allient formations théoriques, stages en entreprise, avec une très forte dimension internationale.

■ Au Canada

L'université McGill et sa Desautels Faculty of Management, ou encore l'école de gestion John-Molson à Concordia et HEC Montréal sont également d'excellentes options pour les étudiants français souhaitant étudier en Amérique du Nord tout en bénéficiant de frais de scolarité plus avantageux (environ 6 200 € à 6 600 € par an) qu'aux États-Unis ou dans le reste du Canada.

Toutefois, ces programmes sont sélectifs et exigent d'avoir choisi la spécialité Mathématiques en première et la spécialité Mathématiques ou l'option Mathématiques complémentaires en terminale :

- à McGill la sélectivité est importante et les moyennes demandées dans vos bulletins de première et terminale devront généralement se situer entre 15 et 16,5/20 de moyenne générale et entre 14,5 et 16,5/20 en maths ;
- pour suivre le bachelor de commerce en anglais à l'université de Concordia, il faudra obtenir une moyenne générale d'au moins 13 avec au moins 13 en maths ;
- pour HEC Montréal, vous devrez avoir obtenu une moyenne général de 14/20 au bac. De plus, vous aurez la possibilité de suivre le cursus en français uniquement, en bilingue anglais ou en trilingue avec de l'espagnol en plus.

■ Aux États-Unis

Enfin, des universités américaines prestigieuses telles que l'université de Pennsylvanie (Wharton), USC (Marshall), UC Berkeley (Haas), Babson College ou encore NYU (Stern) proposent également des cursus de commerce. Toutefois, l'admission dans les universités américaines nécessite généralement de commencer à s'y préparer dès la classe de troisième ou la seconde et les frais de scolarité sont dans la majorité des cas supérieurs à 45 000 € par an. Malheureusement, peu de bourses sont disponibles pour ces universités pour les étudiants étrangers.

Parmi les options plus accessibles en termes de critères d'admission aux États-Unis, on peut notamment mentionner Florida International University (FIU) qui propose aux étudiants internationaux un *Global Program* en première année afin de permettre aux étudiants d'améliorer leur niveau d'anglais et de s'adapter au nouveau système avant de rejoindre la deuxième année universitaire dans le parcours classique.

Étudier le droit

Avocat, magistrat, politicien ou encore journaliste… les études de droit à l'étranger peuvent offrir de nombreuses options de carrière. Chaque année, ce sont plusieurs milliers d'étudiants du monde entier qui s'expatrient pour étudier le droit à l'étranger.

Pourquoi, quels avantages ?

Le **Royaume-Uni** a une longue tradition d'excellence universitaire dans le domaine juridique et propose également l'avantage, contrairement à d'autres systèmes de *common law* comme les États-Unis ou le Canada, de permettre d'étudier le droit tout de suite après le bac !
En effet, aux États-Unis ou au Canada, vous devrez d'abord compléter un premier diplôme de bachelor en trois ou quatre ans avant de pouvoir candidater à une *law school* et poursuivre un cursus de trois ans en droit.
Étudier le droit au Royaume-Uni vous permet donc de poursuivre un bachelor de droit en anglais tout de suite après le bac et de travailler ensuite au Royaume-Uni en tant qu'avocat plaidant (*barrister*) ou avocat-conseil (*solicitor*).
Si vous souhaitez travailler aux États-Unis, vous pourrez aussi compléter votre formation par un diplôme de LLM (master de droit) en un an afin de passer l'examen du barreau de New York par exemple.
Après votre bachelor de droit, vous aurez également la possibilité de revenir en France et de compléter votre formation juridique par un master de droit français.

Par ailleurs, il existe également au Royaume-Uni de nombreux doubles cursus vous permettant de combiner l'étude de différents systèmes juridiques.
On peut par exemple noter les cursus suivants :
- le King's College et Paris 2 Assas en quatre ans (LLB et maîtrise) ;
- Queen Mary University et Paris 1 Panthéon Sorbonne en quatre ans (LLB et maîtrise) ;
- University College London et Paris 2 Assas en quatre ans (LLB et licence) ;
- l'université d'Essex et l'université Paris-Nanterre, l'université Toulouse-Capitole ou l'université Lyon 3 Jean-Moulin en trois ans (LLB et licence) ;
- l'université d'Exeter et l'université de Rennes 1 en quatre ans (LLB et maîtrise) ;
- l'université de Kent et l'université d'Aix Marseille (LLB et maîtrise) ;
- l'université de Leicester et l'université de Strasbourg (LLB et maîtrise).

Il sera également possible de combiner votre diplôme de droit anglais avec d'autres diplômes étrangers (*grado* dans une université espagnole, maîtrise de droit allemand, LLB de Hong Kong), mais à condition évidemment d'avoir des compétences linguistiques suffisantes pour suivre ce cursus.
En tous les cas, le système de droit commun (*common law*) au Royaume-Uni vous permettra d'aiguiser votre esprit critique, de développer de solides compétences de rédaction mais aussi de raisonnement et d'argumentation.

Conditions d'admission

Les conditions d'admission au sein d'une **université de droit au Royaume-Uni** peuvent varier d'un établissement à l'autre. Pour les universités les plus sélectives (Bristol, Durham, Glasgow, King's College, UCL, LSE, Nottingham, Oxford et SOAS), vous devrez vous soumettre à un examen national de droit, le LNAT (*law national admissions test*) et viser un score d'au moins 27 sur 42 (avant le 15 octobre

de votre année de terminale pour Oxford et avant le 20 janvier pour les autres). En cas d'admissibilité, certaines universités comme Oxford et Cambridge vous convoqueront également pour un entretien. Il vous faudra aussi viser la mention Très Bien au Bac (plus de 16/20) pour espérer rejoindre les universités les plus réputées.
Par ailleurs, sachez qu'il est également possible au Royaume-Uni de suivre un programme *graduate diploma in law* (GDL) en un an après n'importe quel cursus de bachelor, qui permet d'avoir un diplôme reconnu de droit et ainsi de travailler dans le domaine juridique.

En Espagne, l'IE University à Madrid et Ségovie propose également un cursus de *bachelor of Laws* (LLB) en anglais en quatre ans, à forte dimension internationale. Ce dernier vous permettra d'accéder à des formations complémentaires et d'exercer dans plusieurs juridictions à travers le monde (notamment en Espagne, au Royaume-Uni ou aux États-Unis), aussi bien dans le secteur public que privé.

Enfin, **aux Pays-Bas, les universités de Groningen et de Maastricht** proposent un bachelor de droit européen et international entièrement en anglais. Enfin, l'université de Tilburg offre un bachelor en anglais intitulé LLB Global Law avec une dimension internationale et transnationale très forte.

Étudier la psychologie

Le Royaume-Uni, les Pays-Bas ou encore le Canada proposent d'excellents cursus de psychologie dans lesquels l'approche est généralement plus scientifique qu'en France.

Chiara, étudiante en deuxième année de psychologie à University College London (UCL) au Royaume-Uni, raconte son expérience : « *Ce que j'aime le plus dans mon diplôme de psychologie en Angleterre, c'est son approche à la fois scientifique et orientée recherche. En France, j'ai en effet le sentiment que la psychologie est enseignée comme une humanité plutôt que comme une science et je pense que si cette approche peut être intéressante, elle peut* *parfois limiter les perspectives de carrière. Le diplôme de psychologie d'UCL permet d'acquérir un ensemble de compétences qui sont vraiment précieuses aujourd'hui et qui élargissent nos opportunités professionnelles. Il permet bien sûr d'acquérir des connaissances en psychologie, mais nous apprend surtout à raisonner de manière scientifique et critique, notamment grâce à un module entier consacré à la recherche, à la collecte de données et à la rédaction d'articles scientifiques. Un étudiant en psychologie au Royaume-Uni apprend également à analyser des données à l'aide d'un logiciel statistique, ce qui est une compétence vraiment cruciale pour de nombreux parcours professionnels. Nous avons la possibilité de participer aux recherches actuelles dans le domaine, ce qui est vraiment passionnant et donne le sentiment d'avoir un impact réel. La variété des modules que nous pouvons choisir en troisième année, de l'apprentissage automatique (*machine learning*) aux neurosciences cognitives en passant par les mécanismes de prise de décision, montre vraiment l'étendue des possibilités de carrière après un diplôme de psychologie au Royaume-Uni. Je suis jusqu'à présent très heureuse d'avoir choisi ce bachelor. Je pense qu'il adopte une approche moderne de la discipline et qu'il peut mettre les étudiants en contact avec des domaines comme l'intelligence artificielle, la science des données comportementales et la neuroéconomie, qui sont en plein essor aujourd'hui. »*

Par ailleurs, les universités d'Amsterdam, Tilburg, Leiden ou encore Maastricht proposent toutes d'excellents cursus de psychologie en anglais avec une approche scientifique et une forte dimension de recherche. À titre d'exemple, à l'université d'Amsterdam, le premier semestre de deuxième année est entièrement consacré à l'apprentissage des méthodologies de recherche. Vous pourrez ensuite choisir entre différentes spécialités telles que la psychologie clinique, la psychologie sociale ou encore le cerveau et la cognition.
Enfin, les universités de McGill et Concordia à Montréal (Canada) proposent aussi des cursus de psychologie en anglais, tandis que l'UQAM, les universités de Montréal, Laval et Sherbrooke proposent des baccalauréats de psychologie en français.

Étudier les sciences et l'ingénierie

Il existe de nombreux cursus d'excellence en sciences et ingénierie à l'étranger, que ce soit au Royaume-Uni, en Suisse, aux Pays-Bas ou encore aux États-Unis, au Canada ou en Israël.
Le Royaume-Uni offre aussi bien des cursus de biologie ou d'ingénierie générale (à Cambridge, Warwick ou King's College par exemple) que des cursus plus spécialisés. Il faudra alors choisir au moment de votre candidature entre ingénierie mécanique, civile, biomédicale, aéronautique et d'autres encore. Cela n'est pas toujours évident car il s'agit de matières que vous n'aurez pas forcément eu l'occasion d'étudier au lycée. N'hésitez donc pas à passer du temps sur les pages des différents cursus pour les comparer. YouTube est également un outil très utile car il propose de nombreuses vidéos explicatives sur le contenu des cursus d'ingénierie (comme la série de vidéos *Crash Courses*).

Matthew, étudiant en ingénierie à l'université de Warwick en Angleterre, explique les raisons pour lesquelles il a opté pour un cursus général en *engineering* : *« Avant même la fin de mon parcours dans le secondaire, j'étais déjà presque certain de vouloir m'engager dans des études d'ingénieur, mais les différentes spécialisations (génie civil, mécanique, électrique) restaient pour moi un mystère : difficile de s'en faire une idée précise avant de s'engager. Il était donc très important pour moi de pouvoir suivre un cursus qui s'apparente d'abord à un diplôme d'ingénierie "générale" pour me permettre ensuite de me spécialiser, une fois que je me serais fait une meilleure idée de ce que j'aimais ou non. Avec le recul, je suis très satisfait de ma décision, car cela m'a apporté les informations et le temps de réflexion nécessaires. J'ai ainsi pu choisir le génie mécanique en connaissance de cause, tout en profitant du cursus d'ingénierie générale pour appréhender les bases d'autres spécialités, ce qui s'est avéré utile dans le cadre des travaux de groupe transdisciplinaires. »*

En Suisse

L'École polytechnique fédérale de Lausanne (EPFL) compte parmi les meilleures écoles d'ingénieurs du monde. Toutefois, pour être admis, il faudra obtenir une mention très bien au bac (16/20 de moyenne) et passer le cap de la première année !

Nathan, étudiant en troisième année de microtechnique à l'EPFL et actuellement en échange à Madrid, raconte son expérience : *« Dès le lycée, je savais que je voulais aller à l'École polytechnique fédérale de Lausanne. J'ai cependant choisi d'y entrer un an après l'obtention de mon bac afin de passer une année sabbatique en classe préparatoire. En effet, les études à l'EPFL ne sont pas faciles, le rythme est souvent éprouvant, particulièrement en première année qui est réputée extrêmement difficile et sélective. En contrepartie, l'école est "fédérale" (publique) et sponsorisée par le secteur privé, par conséquent les études sont peu coûteuses par rapport à la qualité de l'enseignement et tout ce qui est mis à disposition des étudiants.*

Le campus est énorme, un peu à l'américaine dans le sens où c'est une petite ville avec plusieurs supermarchés, des bibliothèques, une banque, une pharmacie, des restaurants, un bar (le centre névralgique du campus), un grand centre sportif, le tout installé au bord du lac Léman.

On pourrait penser que c'est un peu anxiogène de passer la plupart de son temps sur le campus, mais cela favorise une ambiance de groupe, de proximité avec ses amis qui est la bienvenue pour faire face à la quantité de travail et parfois de stress.

Ce qui m'a étonné en arrivant dans l'école, c'est que les Suisses y sont minoritaires, les étudiants viennent du monde entier. Même au sein des élèves français (qui constituent près d'un tiers des étudiants), une grande partie vient de lycées à l'étranger. Pour résumer, l'EPFL, c'est difficile, il faut être prêt à s'investir considérablement mais la qualité de vie, l'ambiance étudiante et le niveau académique en font un endroit privilégié pour suivre des études d'ingénieur. »

Aux Pays-Bas

Fondée au XIXe siècle, l'**université de technologie de Delft (TU Delft)** est l'une des plus réputées des Pays-Bas pour les cursus scientifiques. Elle apparaît en tête du palmarès des meilleures universités néerlandaises et occupe la 50e place du classement mondial de 2020 (QS World University Rankings 2020). Elle accueille près de 24 000 étudiants et propose plusieurs cursus de bachelor en anglais, parmi lesquels : les sciences appliquées de la terre (*applied earth sciences*), l'ingénierie aérospatiale (*aerospace engineering*), l'informatique et l'ingénierie (*computer science and engineering*) ou encore la nanobiologie (*nanobiology*).

Pour candidater à l'un de ces cursus, vous devrez généralement avoir suivi les spécialités Mathématiques et Physique-chimie au lycée.

L'université de technologie d'Eindhoven (TU Eindhoven) est mondialement connue pour ses formations en sciences de l'ingénierie et en technologie. Très axée sur la recherche, Eindhoven entretient d'étroites relations avec bon nombre d'entreprises telles que Philips ou DAF, auxquelles elle apporte sa collaboration scientifique. Elle figure en 102e position du QS World University Rankings de 2020. Elle propose de nombreux programmes en anglais, parmi lesquels on retrouve les mathématiques ou la physique appliquées, ou encore la data science ainsi qu'un cursus de psychologie et technologie. Les programmes sélectifs à Eindhoven sont notamment le design industriel, l'ingénierie informatique ou encore l'architecture, l'urbanisme et les sciences du bâtiment.

Par ailleurs, en plus de votre spécialité, vous aurez à Eindhoven la possibilité de choisir des modules dans d'autres disciplines afin d'élargir vos compétences et d'apporter une dimension multidisciplinaire à vos études.

Au-delà de la grande qualité de l'enseignement en ingénierie et la réputation des universités technologiques aux Pays-Bas, les frais de scolarité y sont également particulièrement intéressants (autour de 2 140 € par an pour les étudiants de l'UE).

Au Canada

L'université McGill à Montréal propose un large choix de cursus d'ingénierie mais vous devrez choisir votre spécialité au moment de votre candidature : entre *Bioengineering*, *Chemical*, *Civil*, *Computer*, *Electrical*, *Mechanical*, *Materials*, *Mining* ou encore *Software engineering* pour lesquels les notes minimum à obtenir en première et terminale se situent entre 13,5 et 16,5/20 de moyenne, et de 13,5 à 16,5/20 en mathématiques et sciences.
À Polytechnique Montréal, vous aurez également le choix entre de nombreuses spécialités (Génie chimique, civil, électrique, géologique, industriel, mécanique, des mines, physique ou encore Génie aérospatial, biomédical, informatique et logiciel). L'admission se fera généralement sous condition d'obtenir des résultats satisfaisants en première et terminale en mathématiques, physique-chimie, et une moyenne au bac minimum de 13/20.
Enfin, à **l'université de Concordia,** vous pourrez choisir entre Génie du bâtiment, civil, informatique, électrique, industriel, mécanique, logiciel ou encore aérospatiale et propulsion, structures aérospatiales et matériaux, avioniques et systèmes aérospatiaux, spécialités pour lesquelles les critères d'admission se situent entre 12/20 et 15/20 de moyenne générale et 12/20 et 15/20 en mathématiques et physique-chimie en première et terminale.

En Israël

La prestigieuse université du Technion à Haïfa propose également un cursus d'ingénierie mécanique (*mechanical engineering*) en quatre ans entièrement enseigné en anglais. Pour plus de renseignements, rendez-vous sur le site du Technion International.

Étudier l'informatique

La révolution digitale concerne désormais toutes les entreprises, quel que soit leur secteur d'activité. Poursuivre des études d'informatique vous permettra donc de maîtriser les codes de la programmation et des algorithmes, de développer des compétences analytiques très fortes et de les mettre en pratique dans tous les domaines possibles et imaginables. Les métiers de l'informatique sont nombreux : chef de projet, data scientist, développeur, ingénieur, technicien informatique, expert en cybersécurité ; vous aurez donc beaucoup d'options de carrière et de spécialisations ensuite.

Le **Royaume-Uni** propose des cursus de *computer science* réputés. Néanmoins, étant donné le nombre croissant de candidats, la sélection dans ces cursus est devenue particulièrement forte. Ainsi, à l'Imperial College, on ne compte pas moins de 17 candidats pour chaque place. Pour l'Imperial et l'UCL, il faudra donc obtenir 17 de moyenne au bac et 17 en maths et physique, tandis que pour des universités comme King's College, Manchester ou Bristol, 15 de moyenne au bac et entre 14 et 17 en maths pourraient suffire. Enfin, des universités comme Queen Mary ou Royal Holloway pourront vous admettre si vous parvenez à obtenir une moyenne au bac de 12 ou 13.

Zhuo Ying, étudiante en informatique au King's College à Londres (KCL), décrit son expérience dans ce cursus : « *J'aime beaucoup mon expérience à KCL ! L'université offre des laboratoires et des équipements informatiques de qualité. Les connaissances et compétences que l'on développe pendant le cursus sont tout à fait pertinentes pour travailler dans l'industrie : base de données relationnelle, structures de données et algorithmes, hardware, mathématiques discrètes et programmation pratique en Java. La maîtrise de ces compétences permet même de contribuer en open source à des plateformes comme GitHub, ce qui est très motivant ! Je pense que vous apprécierez vos études ici si vous êtes vraiment passionné par la matière, si vous aimez faire des travaux pratiques et si vous prenez des initiatives pour tirer le meilleur parti des nombreuses possibilités offertes à Londres et au sein de King's ! Le cursus a une dimension très pratique, mais on nous demande aussi de produire des rapports sur notre code, de discuter de sa conception et de réfléchir à sa mise en œuvre de manière intelligente. Concernant la partie quantitative du cours, nous avons un module obligatoire sur les mathématiques discrètes chaque année* *qui s'avère relativement difficile pour certains étudiants. En première année, nous pouvons également choisir un module optionnel de méthodes mathématiques qui permet de se familiariser avec le logiciel Matlab, une compétence très utile pour les mathématiciens. »*

De plus, Sumeet, étudiant dans le même cursus ajoute : *« L'université possède des liens étroits avec de grandes entreprises comme Microsoft. Comme la plupart des entreprises ont leur siège social et organisent des événements à Londres, c'est pour moi le meilleur endroit pour nouer des liens et acquérir de l'expérience. Le cursus compte également de nombreux étudiants étrangers, ce qui est enrichissant car permet d'échanger des points de vue différents ! »*

Les **États-Unis** offrent également de multiples cursus d'informatique de premier rang parmi lesquels on peut notamment mentionner Carnegie Mellon University, le MIT, Stanford, Berkeley, University of Illinois – Urbana-Champaign, Cornell, University of Washington, Georgia Institute of Technology, Princeton ou encore University of Texas – Austin.

Aux **Pays-Bas**, l'université de technologie de Delft (TU Delft) propose un cursus de bachelor en anglais d'informatique et d'ingénierie (*computer science and engineering*) tandis que l'université de technologie d'Eindhoven (TU Eindhoven) offre plusieurs cursus en anglais d'ingénierie informatique ou encore de *data science*.

Enfin, au **Canada**, à Montréal, les universités de McGill et Concordia proposent des cursus de génie informatique (*computer engineering*) tandis que Polytechnique Montréal offre des cursus en génie informatique ou en génie logiciel en français.

Étudier l'architecture

Si vous envisagez d'étudier l'architecture à l'étranger, il vous faudra dans un premier temps sélectionner votre pays de destination.
Le Royaume-Uni reste une destination phare pour les étudiants souhaitant bénéficier d'une **excellente formation en architecture**. Pour preuve : on retrouve la Bartlett School of Architecture de l'University College de Londres (UCL) en tête de nombreux palmarès internationaux. De mêmes, les universités de Bath, Cambridge, Manchester, Sheffield ou encore Westminster et l'AA School à Londres sont également très réputées dans ce domaine.
Le Canada abrite également d'excellentes écoles d'architecture comme l'University of British Columbia (UBC), l'université de Toronto, ou encore celle de McGill. À l'université de Montréal (UdeM) ou à l'université de Laval, il est également possible de suivre un cursus d'architecture en français. Idéal donc pour ceux d'entre vous qui veulent partir loin, tout en gardant certains repères.
Selon l'organisme FrancEspagne, l'**Espagne** et notamment les universités privées de Madrid proposent enfin de belles opportunités en architecture. Le diplôme est en effet reconnu par l'ordre des architectes américains, et les universités privées UEM et CEU San Pablo à Madrid offrent des cursus en anglais ayant tous deux bonne réputation. Il faudra toutefois débourser 13 650 € pour l'UEM et 14 620 € pour la CEU par année. De plus, l'architecture en Espagne possède une très forte dimension ingénierie et technique et s'adresse donc à des étudiants au profil plutôt scientifique.

Étudier l'art ou le design

Les écoles d'art et de design proposent différentes formations permettant aux étudiants de devenir de véritables spécialistes dans un de leurs domaines de prédilection (stylisme, design, photographie, peinture...) et offrant ainsi des **possibilités de carrière nombreuses et variées** : architecte d'intérieur, dessinateur, photographe, directeur artistique ou encore styliste.

Voici un tour d'horizon non exhaustif des différentes formations artistiques proposées à l'étranger.

Aux États-Unis et au Canada

La Parsons School of Design (3e position), la Rhode Island School of design (4e position), la School of the Art Institute in Chicago – SAIC – (9e position) et le Pratt Institute, sont des écoles d'art de premier rang dont la réputation a largement traversé les frontières américaines.
Au Québec, certaines **universités d'art et de design** se démarquent de leurs homologues, c'est le cas notamment de l'université de Concordia qui offre à la fois plusieurs *Bachelors of Fine Arts* (BFA) dans les domaines du design, design pour le théâtre, *intermedia* (*video, performance and electronic arts*), de la peinture et du dessin (*painting and drawing*), la création de performance (*performance creation)*, la photographie (*photography)*, le média imprimé (*print media)* ou encore le *studio art*. Vous aurez donc l'embarras du choix.
À l'université de Laval, vous pourrez également choisir entre un baccalauréat en arts visuels et médiatiques ou encore un baccalauréat en enseignement des arts plastiques.

En Europe

Le Royaume-Uni, les Pays-Bas, la Suisse ou encore la Belgique abritent des cursus d'excellence dans les domaines de l'art et du design.
Parmi les écoles au **Royaume-Uni**, on peut notamment mentionner le Royal College of Art, l'University of the Arts London (UAL) qui comprend six collèges spécialisés dans les domaines de l'art, du design, de la mode, ou encore des médias (Camberwell College of Arts, Central Saint Martins College of Art and Design, Chelsea College of Art and Design, London College of Communication, London College of Fashion, ou encore le Wimbledon College of Art), la Glasgow School of Arts (GSA), ou encore Goldsmiths à Londres.
La Design Academy Eindhoven située aux **Pays-Bas** ou la Haute École d'art et de design de Genève (HEAD) en **Suisse** bénéficie aussi d'une bonne notoriété.

Enfin, la **Belgique** possède également des écoles supérieures d'art renommées telles que la Cambre à Bruxelles, les écoles supérieures des arts (ESA de Bruxelles, Liège, Tournai) et l'Académie royale des beaux-arts d'Anvers. À l'ESA Saint-Luc de Bruxelles, dans laquelle 30 % des étudiants sont français, environ les trois quarts des étudiants sont admis à l'issue des trois jours de sélection. Cette école propose des bachelors dans plusieurs disciplines artistiques : arts numériques, illustration, bande dessinée, édition, publicité, graphisme, dessin et technologie en architecture, architecture d'intérieur et création d'intérieur. Le graphisme et la bande dessinée sont notamment des filières particulièrement prisées par les étudiants français.

Étudier la gestion hôtelière

Vous vous imaginez déjà manager ou directeur d'un d'hôtel ou d'un restaurant ? **L'école hôtelière** est sans doute faite pour vous ! La diversité des formations proposées par ces écoles vous permettra de vous spécialiser dans le domaine qui vous convient le mieux. Mais quelle destination choisir pour des études d'hôtellerie ?

En Suisse

La Suisse abrite sur son territoire certaines des **meilleures écoles hôtelières du monde**. Infrastructures de standing, professeurs réputés, réseaux d'anciens élèves et diversité des formations font de ces établissements de véritables **références internationales**. Une excellence académique qui transparaît dans les classements mondiaux, puisque les écoles hôtelières suisses telles que l'**École hôtelière de Lausanne** (EHL) ou encore **Les Roches** et **Glion** se retrouvent régulièrement en tête de liste.

Les formations hôtelières comprennent généralement à la fois un **apprentissage pratique** (arts de la table, pâtisserie...) et **théorique** (langues vivantes, management, économie...) pour permettre aux étudiants de bénéficier d'un enseignement solide, complété par des **stages** permettant d'acquérir une expérience professionnelle.

Toutefois, l'excellence suisse a un coût : pour l'EHL, les Roches ou Glion, il faudra tout de même prévoir un budget global supérieur à 140 000 € pour les quatre ans de bachelor. L'EHL octroie néanmoins des bourses aux étudiants talentueux et prometteurs, en fonction des fonds disponibles et du nombre de candidats.

Valentine, étudiante à l'École hôtelière de Lausanne, nous explique les raisons pour lesquelles elle a fait ce choix : « *J'ai postulé pour le bachelor à l'EHL car j'ai toujours aimé voyager et parler des langues étrangères. En parlant avec des professionnels du milieu de l'hôtellerie, et en réalisant un stage, j'ai su que cela me conviendrait parfaitement. J'aime le côté international de l'école avec plus de 100 nationalités différentes, son côté pratique mélangé à la théorie et son esprit de famille. Toute la nourriture sur le campus est produite par les étudiants encadrés de professionnels, et elle est vraiment très bonne ! Nous avons même un restaurant étoilé au Guide Michelin. Malgré le coût important de l'EHL, je recommande vivement cette école. J'ai pu m'y épanouir en prenant confiance en moi, en devenant un vrai manager, et le tout dans un contexte international. Il y a de nombreux moyens de s'impliquer dans la vie étudiante et ses comités, ce que je recommande vivement car cela permet d'appliquer concrètement ce que l'on apprend en cours. On gère des budgets, des équipes, on recrute, et cela fait la différence sur un CV ! De plus, les deux stages en année préparatoire et en troisième année permettent de mettre un pied (pendant deux fois six mois) dans l'entreprise et le monde du travail. L'école offre de nombreuses opportunités professionnelles et toutes ces expériences nous permettent d'affiner nos souhaits de carrière.* »

Aux États-Unis

Certaines des plus prestigieuses chaînes de maisons hôtelières telles que Hilton ou Marriott sont basées aux États-Unis et recrutent leur personnel au sein d'écoles hôtelières américaines. Les multiples formations proposées par ces établissements sont principalement axées autour **de l'hôtellerie, de la restauration et du tourisme**, et permettent aux étudiants d'acquérir toutes les compétences nécessaires pour travailler dans ce secteur. Selon la formation choisie, le cursus peut aller de deux ans (pour des filières courtes type CAP) à quatre ans pour un bachelor en gestion hôtelière.

L'université de Cornell, membre de la célèbre Ivy League, a été le premier établissement universitaire américain à proposer une formation de gestion de l'accueil. Elle est reconnue comme un des établissements leader dans le secteur de l'hôtellerie. La réputation d'excellence dont jouit la School of Hotel Administration (SHA) de Cornell se justifie par les formations de haut niveau qu'elle dispense, la qualité des infrastructures proposées, la richesse de son réseau d'anciens et son investissement dans la recherche dans ce domaine.

Aux Pays-Bas

La **Hotelschool The Hague aux Pays-Bas** est également une très bonne option en Europe. Son environnement international avec plus de 75 nationalités sur le campus et la formation à la fois théorique et pratique qu'elle propose ont forgé sa réputation de qualité depuis près d'un siècle (1929). **Le programme de bachelor** s'effectue sur une durée de quatre ans, au cours desquels les étudiants peuvent développer leurs compétences de collaboration, de management et de leadership, notamment grâce aux nombreux travaux de groupe proposés tout au long du cursus. Deux stages internationaux de six mois font partie intégrante du programme de baccalauréat en gestion hôtelière (BAHM), afin de permettre aux étudiants d'acquérir une solide expérience professionnelle durant le cursus. Les cours sont dispensés en anglais, et les étudiants choisissent une deuxième langue qu'ils pourront approfondir. Avantage de taille de la Hotelschool par rapport à d'autres écoles hôtelières suisses ou américaines, son coût avantageux : il faut compter environ 3 400 € par an pour les frais de scolarité et environ 6 750 € pour le logement sur le campus et les frais de formation annexes la première année. Il y a également deux rentrées par an : au mois de février ou au mois d'août.

Étudier la médecine ou choisir un cursus paramédical

L'évolution des modes d'admission dans les filières de santé en France encourage bon nombre de candidats à opter pour l'expatriation. Portugal, Espagne, Belgique, Hongrie, Roumanie, Croatie représentent toutes des destinations prisées par les étudiants.
Suivre un cursus de médecine en Europe recèle de nombreux avantages : système de sélection plus souple, proximité avec la France, apprentissage d'une nouvelle langue. Sans compter que les étudiants se voient délivrer en fin de cursus un diplôme conforme aux directives européennes, leur permettant ainsi d'exercer dans n'importe quel pays membre de l'UE.
L'aventure vous tente ? Voici un petit tour d'horizon des destinations les plus prisées par les étudiants français.

En Belgique

La Belgique reste une destination phare pour celles et ceux qui souhaitent entamer un cursus médical ou paramédical à l'étranger. En Belgique, les universités jouissent en effet dans ce domaine d'une excellente réputation et proposent des cursus en français.
Depuis 2017, les futurs candidats en médecine et odontologie doivent désormais passer un examen d'entrée écrit, composé de deux parties (un questionnaire comprenant des maths, de la physique, de la biologie et des sciences humaines, mais qui teste également la capacité des étudiants à gérer des situations difficiles et à faire preuve d'empathie) afin d'espérer intégrer l'une des facultés de médecine de Belgique. Le quota maximum de places prévues pour les non-résidents (dont les Français) est limité à 30 % dans les cursus suivants : médecine, logopédie, dentaire, audiologie, kinésithérapie et vétérinaire. En cas d'échec, il est possible de repasser l'examen une deuxième fois dans les cinq ans.
Les étudiants ayant réussi l'étape de l'examen d'entrée écrit devront alors convertir leur bac français en son équivalent belge auprès du service des équivalences du ministère de l'Enseignement à Bruxelles.

Pour plus d'informations
www.ares-ac.be/fr

En Europe de l'Est

Proximité avec la France, cours dispensés en français ou en anglais, coût de la vie raisonnable, la **Roumanie** surtout mais aussi **la Hongrie et la Croatie** attirent chaque année des étudiants français.
En **Roumanie**, la sélection des candidats s'effectue généralement sur dossier, tandis qu'il faudra passer un test d'admission pour pouvoir intégrer une **université de médecine en Hongrie ou en Croatie.**
Chaque année, plus de 500 étudiants français rejoignent l'université de Cluj-Napoca en Roumanie pour leurs études de médecine, notamment car elle propose un cursus de médecine en six ans entièrement en français.
Au terme des six années réglementaires, les jeunes diplômés français pourront alors passer les ECN (épreuves classantes nationales) pour s'orienter vers une spécialisation (rappelons que la médecine générale est aussi une spécialisation) ainsi que leur ville d'affectation.
Généralement, en tant qu'**étudiants en médecine, odontologie, médecine vétérinaire** ou autre cursus de santé, vous devrez apprendre la langue de votre pays d'accueil afin de pouvoir échanger avec les patients que vous serez amenés à rencontrer au cours de vos heures de pratique.

Au Royaume-Uni

Les universités britanniques jouissent d'une grande renommée internationale mais la sélectivité dans ce type de cursus est forte et le coût des études de médecine suite au Brexit risque d'être élevé pour les Européens (supérieur à 30 000 € par an pour les frais de scolarité seulement). Pour postuler dans les **facultés de médecine britanniques**, il faudra aussi passer par la plateforme UCAS à travers laquelle les étudiants sont appelés à faire quatre vœux en médecine et un cinquième dans une autre filière comme les sciences biomédicales par exemple (et non cinq dans le même cursus, comme c'est le cas pour d'autres filières). Il est impératif de construire un solide dossier de candidature car c'est sur cette première base que les étudiants seront présélectionnés. La grande majorité des universités exigent des étudiants qu'ils passent un examen supplémentaire tel que le **BMAT** (*Biomedical*

Admission Test) ou le **UCAT** (*University Clinical Aptitude Test*) qui ont généralement lieu du début du mois de septembre jusqu'au début du mois de novembre. Si le profil de l'étudiant et son score au test correspondent aux attentes de l'université, le candidat sera alors convoqué à un ou plusieurs entretiens d'admission. Rappelez-vous : pour les universités britanniques, l'**expérience professionnelle est fondamentale**. N'oubliez donc pas de mentionner dans votre dossier les stages, formations ou heures de bénévolat que vous avez effectués au sein d'organismes de santé, hôpitaux ou encore maisons de retraite.

Il va sans dire que les postulants doivent **avoir un excellent niveau d'anglais** pour pouvoir suivre leur cursus et que la majorité des établissements exigent au moins une mention très bien au bac (16/20 de moyenne et dans les matières scientifiques).

Au Royaume-Uni, les **études de médecine** théoriques durent cinq ou six ans. Les diplômés doivent ensuite suivre un Foundation Programme de deux ans à la suite duquel ils auront le statut de docteur. Certaines spécialisations peuvent ensuite prendre jusqu'à neuf années supplémentaires.

À Malte

L'université anglaise Queen Mary propose un cursus de médecine, entièrement en anglais et reconnu à la fois au sein de l'Union Européenne et au Royaume-Uni, en cinq ans à Malte pour lequel les frais de scolarité s'élèvent à 20 500 € par an. Pour être admis, il faudra généralement obtenir une moyenne de 14/20 au bac et un score minimum de 2 281 au *University Clinical Aptitude Test* (UCAT), l'examen requis pour intégrer un cursus de médecine au Royaume-Uni.

En Irlande

Faire des études de médecine ou de vétérinaire en Irlande est possible mais très difficile ! Pour ce faire, il faudra passer un examen national appelé **HPAT** ou *Health Professions Admission Test*. L'inscription au HPAT se fait directement sur le site : https://hpat-ireland.acer.org/register. La date limite d'inscription au HPAT est généralement fixée au 20 janvier (ou 1er février, moyennant des frais supplémentaires). L'examen a lieu autour du 24 février et les résultats sont publiés à la fin du mois de juin.

Par ailleurs, les critères d'admission en médecine sont parmi les plus élevés et il faudra donc généralement obtenir au moins 17/20 de moyenne au bac pour espérer avoir une chance d'être admis dans une université irlandaise en médecine.

Il est également possible de rejoindre les études de médecine en Irlande après un bachelor dans ou autre discipline. Ces derniers pourront alors obtenir leur diplôme de médecine en seulement quatre années supplémentaires.

Pour être admis, ils devront passer le *Graduate Medical School Admissions Test* (**GAMSAT**).

Pour plus d'informations

www.gamsat-ie.org/gamsat-ireland

ÉTUDES DE MÉDECINE EN EUROPE – TABLEAU RÉCAPITULATIF DES DESTINATIONS LES PLUS PRISÉES PAR LES ÉTUDIANTS FRANÇAIS

	Durée des études	Langue d'instruction	Modalités d'admission	Frais de scolarité annuels	Universités
Belgique	*De 9 à 12 selon la spécialité*	*Français*	*Sur concours*	*835 € (modulable selon les revenus et la nationalité de l'étudiant)*	*Université de Mons (UMons) Université de Namur (UNamur) Université de Liège (ULg) Université Catholique de Louvain (UCL) Université Libre de Bruxelles (ULB)*

	Durée des études	Langue d'instruction	Modalités d'admission	Frais de scolarité annuels	Universités
Roumanie	*6 ans**	*Français ou anglais*	*Sur dossier*	*5 000 € à UMF Iași, 6 000 – 6 250 € Cluj-Napoca, Arad et Timisoara*	*Université Lului Hatieganu de Cluj-Napoca* *Université Victor Babes de Timisoara* *UMF Iași* *Vasile Goldis à Arad*
Hongrie	*6 ans**	*Anglais*	*Sur dossier et test d'admission*	*Entre 15 000 € et 18 000 € par an selon les universités*	*Université de Szeged* *Université de Semmelweis* *Université de Pecs*

	Durée des études	Langue d'instruction	Modalités d'admission	Frais de scolarité annuels	Universités
Croatie	*6 ans**	*Anglais*	*Sur dossier et examen d'entrée*	*Entre 7 000 € et 9 000 € par an selon les universités*	*Université de Zagreb* *Université de Split*
Royaume-Uni	*5 ou 6 ans selon l'université*	*Anglais*	*Dossier et entretien* *De nombreuses universités de médecine exigent également le BMAT ou le UCAT.*	*Environ 35 000 € à 45 000 € par an*	*Université d'Oxford* *Université de Cambridge* *King's College* *Imperial college of London* *UCL* *Brighton and Sussex* *Manchester*

	Durée des études	**Langue d'instruction**	**Modalités d'admission**	**Frais de scolarité annuels**	**Universités**
Malte	*5 ans*	*Anglais*	*14/20 de moyenne au bac* *Dossier* *UCAT*	*20 500 € par an*	*Queen Mary University*
Irlande	*5 ou 6 ans*	*Anglais*	*17-18/20 de moyenne au bac* *HPAT*	*3 000 € par an (si résident de l'EEE)*	Trinity College Dublin University College Dublin RCSI

* *Auxquels s'ajoutent les années de spécialisation.*

Étudier la médecine dentaire

Vous ne le savez peut-être pas, mais vous vous êtes probablement déjà fait soigner par un dentiste ayant obtenu son diplôme à l'étranger. De fait, selon une étude de la Drees, parue en septembre 2017 : « *Un tiers des nouveaux chirurgien(nes)-dentistes en 2015 ont obtenu leur diplôme à l'étranger.* » Toujours selon cette étude, le flux de dentistes diplômés hors Hexagone et exerçant en France est en constante progression depuis 2008.
Mais alors où vont ces étudiants qui s'expatrient ? En Europe et plus précisément en Espagne, au Portugal, en Roumanie ou en Belgique notamment. Petit tour d'horizon.

Modalités d'admission

■ En Espagne

Selon l'organisme FrancEspagne, les universités privées ont un mode de sélection spécifique à chaque établissement : en plus des notes du bac et bulletins scolaires, le dossier de candidature doit généralement présenter le score obtenu à un test d'espagnol comme le **DELE** (diplôme d'espagnol comme langue étrangère) ou d'anglais standardisé tels que l'IELTS ou TOEFL (pour les cursus anglophones). Les candidats présélectionnés seront convoqués à un entretien d'admissibilité et certaines universités demandent aussi aux futurs étudiants de se soumettre à un test psychotechnique.
Les cursus de chirurgie dentaire en Espagne durent généralement cinq ans et coûtent au minimum 16 000 € pour un cursus en espagnol au CEU à Madrid ou à l'UEV à Valence, et jusqu'à 21 000 € par an pour un cursus en anglais à l'Universidad Europea de Madrid (UEM).
Le diplôme est automatiquement reconnu en France et dans toute l'UE.
N'hésitez pas à contacter directement les universités pour connaître les calendriers d'inscription et de pré-inscription.

- **Au Portugal**

Selon l'organisme GEDS, l'admission au sein des universités privées portugaises pour la médecine dentaire (l'université coopérative EGAS MONIZ à Lisbonne ou l'université CESPU à Porto) se fait généralement sur dossier (moyenne au bac et moyenne dans les matières scientifiques au bac), et leur motivation au cours de l'entretien d'admission.

- **En Roumanie**

Si vous souhaitez suivre un **cursus de médecine dentaire en Roumanie**, vous devrez élaborer un dossier de candidature comprenant notamment une copie du diplôme du baccalauréat, les bulletins scolaires ou universitaires et certaines copies de documents administratifs (tels qu'un acte de naissance ou une copie de passeport). Chaque université ayant ses propres exigences, il est vivement conseillé de vous rapprocher des établissements pour connaître leurs modalités d'admission.

Formation et diplôme

En Roumanie et au Portugal, la formation de médecine dentaire se déroule sur six ans (cinq ans en Espagne), au terme desquels un diplôme de chirurgien-dentiste vous sera délivré. Pour pouvoir exercer en France, les étudiants doivent avoir en leur possession un diplôme d'État conforme aux directives européennes (directive 2005/36/CE) et s'inscrire à l'Ordre national des chirurgiens-dentistes. Au Portugal , en Roumanie, comme en Espagne, les étudiants reçoivent des formations théoriques, pratiques et cliniques, et réalisent des soins sur patients sous la surveillance de leurs enseignants.

Langue d'apprentissage et frais de scolarité

En Roumanie, il existe trois options de langue d'apprentissage : anglais, français ou roumain, contre deux en Espagne : anglais ou espagnol. Au Portugal, certaines universités proposent à leurs étudiants une

ÉTUDES DE MÉDECINE DENTAIRE EN EUROPE – TABLEAU RÉCAPITULATIF

	Durée	Langue	Admission	Prix	Universités
Roumanie	*6 ans*	*Anglais* *Français* *Roumain*	*Sur dossier*	*5 000 € à UMF Iași, 6 000 € Cluj-Napoca et Timișoara, 6 250 € à Arad*	*Vasile Goldis à Arad* *Université de Cluj-Napoca* *École Victor Barbes à Timisoara*
Portugal	*6 ans*	*Dans certaines universités privées, 1re année en français puis suite du cursus en portugais*	*Sur dossier et entretien*	*Environ 7 500 € par an*	*EGAS MONIZ près de Lisbonne* *CESPU près de Porto*
Espagne	*5 ans*	*Espagnol et anglais*	*Sur dossier et entretien*	*Entre 16 000 et 21 000 €*	*L'UCAM* *La Universidad Internationale de Catalunya* *La CEU San Pablo*

première année en français, couplée de cours intensifs de portugais, indispensable pour la suite de leur cursus.
Côté prix, la Roumanie reste la destination la plus abordable avec des frais de scolarité pouvant varier de 5 000 à 6 250 € l'année selon les universités, contre 14 000 € à 20 000 € par an chez leurs homologues espagnoles et autour de 7 500 € par an pour les universités portugaises.

Étudier la kinésithérapie

Selon un rapport publié le 31 août 2017 par l'Ordre des masseurs kinésithérapeutes, près de 1 000 étudiants français franchissent chaque année les frontières de l'Hexagone pour suivre un cursus de kinésithérapeute (physiothérapeute) dans un pays européen. Interrogés sur leur motivation, les étudiants évoquent très largement l'absence de *numerus clausus* dans les autres universités européennes, ainsi que la qualité des enseignements dispensés, la proximité avec la France, mais aussi, les bienfaits de l'expatriation.

Destinations et modalités d'admission

L'Espagne, les Pays-Bas, le Portugal et le Royaume-Uni sont les destinations favorites des étudiants français désireux de suivre un cursus de kinésithérapie à l'étranger. Les conditions d'admission varient d'un pays voire d'une école à l'autre.

- **En Espagne**

Les études de kinésithérapie en Espagne durent quatre ans et la plupart des universités exigent un niveau intermédiaire en espagnol (B1) pour l'admission. Les frais de scolarité débutent à environ 8 000 € ou 9 000 € par an (à Nebrija à Madrid ou l'UEMC à Valladolid) et peuvent grimper jusqu'à près de 14 000 € l'année pour un cursus en français à l'UEM à Madrid.
Le diplôme est reconnu en France même si vous devrez parfois réaliser six mois de stage supplémentaires avant de pouvoir y exercer.

- **Aux Pays-Bas**

Dans la plupart des universités néerlandaises, l'inscription se fait *via* **Studielink**, une plateforme de candidature en ligne qui permet aux étudiants nationaux et internationaux de postuler à distance, en toute simplicité. Cette plateforme présente l'avantage majeur de centraliser les demandes d'inscription et les demandes de bourse. Par conséquent, même si vous souhaitez postuler dans différentes universités aux Pays-Bas, vous n'aurez qu'un dossier de candidature à concevoir.
Le processus de candidature dans une école de kinésithérapie (physiothérapie) aux Pays-Bas, se déroule en deux étapes. Vous serez tout d'abord invité à vous rendre sur la plateforme Studielink avant la mi-mai afin d'y créer votre profil et de préciser le cursus que vous désirez suivre, à savoir *Physiotherapy English Stream*, dans le cas d'études de physiothérapeute.
En tant que postulant, vous disposez alors d'environ un mois (soit jusqu'à mi-juin) pour compléter votre dossier de candidature en ligne, qui devra comporter entre autres : vos résultats au baccalauréat, votre score à un test standardisé type TOEFL ou IELTS, ainsi qu'une photo d'identité.
En fonction des établissements sollicités, vous pourrez être appelés à compléter votre dossier de candidature avec des documents supplémentaires que vous pourrez numériser ou télécharger pour les intégrer à votre dossier : lettre de motivation, CV ou *résumé*, lettres de recommandation de vos professeurs ou employeurs selon votre parcours...
Lorsque le dossier de candidature n'est pas jugé suffisamment convaincant par le comité de recrutement, l'école pourra vous demander de passer un test d'aptitude (**DAT**), qui se déroule généralement vers les mois de mai-juin.
Si l'établissement que vous souhaitez intégrer ne figure pas dans la liste proposée sur la plateforme Studielink, il vous faudra postuler directement auprès de l'université en question.

■ Au Portugal

L'admission au sein des universités privées portugaises se fait généralement sur dossier et entretien. Les candidats se voient alors attribuer une note pondérée calculée à partir de leur moyenne au bac, leur moyenne dans les matières scientifiques au bac et leur prestation lors de leur entretien d'admission définitive. Les candidats sont classés selon leurs résultats, et les admissions se font en fonction des places disponibles au sein des écoles.

Pour le calendrier de candidatures, une première session est ouverte du 1er janvier au 31 mai (entretiens au mois de juin à Paris). Une seconde peut être ouverte en fonction des places restantes.

Fabien, étudiant en deuxième année de kiné à l'université Egas Moniz de Lisbonne, nous raconte son expérience : « *Après deux années de PACES à Marseille, j'ai eu la chance de pouvoir poursuivre un cursus de kiné au Portugal. Le Portugal attire en effet de plus en plus de Français pour les études de santé : l'année dernière, on était environ 70 Français dans mon université, cette année, plus de 120 ! Et on comprend pourquoi : la vie y est belle, il fait chaud, on est à côté de la plage, les conditions d'étude sont aussi très agréables et les frais de scolarité relativement abordables !*

La première année de cours dans mon université à Lisbonne est entièrement en français, ce qui permet une adaptation plus facile. Nous avions aussi cinq heures de cours de portugais par semaine afin de pouvoir suivre les cours en portugais à partir de la deuxième année.

Nous sommes six à huit étudiants français sur des classes de 25. L'aspect pratique est mis en avant tout au long du cursus de kiné et on commence même les stages en clinique dès le début de la deuxième année.

Pour bien s'intégrer, il ne faut pas hésiter à aller vers les étudiants portugais et à s'impliquer dans la vie associative de l'université : j'ai ainsi rejoint le club de foot de l'université, ce qui m'a permis de rencontrer des membres de l'association de kiné et de pouvoir en faire partie ensuite. À la cérémonie de remise des prix étudiants l'année

dernière, j'ai d'ailleurs été nominé dans la catégorie Meilleur étudiant étranger !
Partir à l'étranger est une vraie expérience et, en plus d'avoir un diplôme de kiné reconnu en France, je serai bilingue en portugais. Après mes études au Portugal, j'aimerais quand même revenir à Marseille, mais cela aura été une très bonne expérience. Certains de mes amis ont envie de s'installer au Brésil ou au Portugal. Mon rêve est de devenir kiné à l'Olympique de Marseille ! »

■ **Au Royaume-Uni**

Les étudiants français souhaitant suivre un **cursus de kinésithérapie au Royaume-Uni,** peuvent postuler directement auprès des universités ou *via* le portail UCAS avant le 15 janvier (pour les ressortissants européens). Votre dossier de candidature devra comporter entre autres vos résultats au baccalauréat ainsi que votre score à un test standardisé d'anglais (TOEFL, IELTS), permettant d'évaluer votre aptitude à suivre un cursus anglophone.
Chaque université ayant ses propres exigences, il est vivement conseillé de se rapprocher des établissements pour connaître leurs modalités d'admission.

Formation et diplôme

La formation aboutissant à un diplôme de kinésithérapeute (physiothérapeute) dure quatre ans au Portugal et aux Pays-Bas, et trois ans au Royaume-Uni. Avant de postuler dans l'un ou l'autre des établissements proposant un cursus de kinésithérapie, assurez-vous que le diplôme délivré est conforme aux directives européennes. Sinon, vous risqueriez d'avoir de mauvaises surprises lors de votre retour en France. Assurez-vous également que les formations dispensées vous délivrent les connaissances pratiques, théoriques et cliniques nécessaires et suffisantes afin de pouvoir exercer en France sans avoir besoin de vous soumettre à des mesures compensatoires pour combler d'éventuelles lacunes.

	Durée	Langue	Admission	Prix	Écoles
Pays-Bas	*4 ans*	*Anglais*	Sur dossier Un test d'admission peut être requis si le niveau de l'étudiant pose question.	*Environ 2 000 € à 3 000 € par an*	*Fontys* *Hanze* UAS
Portugal	*4 ans*	*Anglais* *Français* Portugais	Sur concours pour les établissements publics Sur dossier et entretien pour les établissements privés	*De 700 € à 6 000 € par an selon que l'établissement soit privé ou public*	*École supérieure Egas Moniz près de Lisbonne* *Institut polytechnique de Coimbra* *Université Atlantica – Institut polytechnique de Porto*
Royaume-Uni	*3 ans*	*Anglais*	Sur dossier *via* UCAS	*Environ 10 000 € par an*	*Cardiff University* *Glamorgan* *University of Birmingham* *University of Liverpool* *Oxford Brookes*

Information intéressante : l'établissement universitaire CESPU propose depuis la rentrée 2018 de combiner les formations de kinésithérapeute et d'ostéopathe sur une durée de six ans. En France, cette double qualification très prisée s'effectue en deux temps : deux cycles de cinq ans sont nécessaires pour obtenir ce double diplôme.

Langue d'apprentissage et frais de scolarité

Des formations anglophones sont proposées au Royaume-Uni, au Pays-Bas et au Portugal. Dans ce dernier pays, il existe certains établissements universitaires (notamment la CESPU près de Porto, et EGAS MONIZ près de Lisbonne) qui proposent une première année de formation en français, durant laquelle les étudiants suivent des cours intensifs de portugais, indispensables pour accéder à la suite du cursus. Les frais de scolarité varient d'un pays à l'autre, mais aussi d'une université à l'autre. Renseignez-vous auprès des établissements concernés.

Étudier la médecine vétérinaire

En Espagne

En Espagne, les études vétérinaires durent cinq ans et il faut compter environ 15 000 € à 16 000 € par an. Il existe en effet peu d'écoles en Espagne : trois écoles privées à Valence ou à Madrid. Le processus de sélection est basé sur les notes et le niveau d'espagnol. Pour certaines universités, il y a également un test de biologie ou de biochimie à passer.
Dans les filières de santé, les étudiants ont plutôt pour projet de revenir en France, même si l'excellente qualité de vie en Espagne en fait régulièrement changer certains d'avis !

Au Portugal

Au Portugal, le cursus universitaire de médecine vétérinaire dure six ans. Il est divisé en deux cycles qui allient théorie et grande expérience pratique et clinique.

À l'école universitaire Vasco-de-Gama de Coimbra, tous les cours sont en français durant la première année. Un stage intensif avant la rentrée et des cours de portugais sont également offerts afin de vous préparer à suivre le reste du cursus dans cette langue.
Il existe à la fois un cursus de licence en science vétérinaire (BioVet) et un cursus de médecine vétérinaire (MedVet) qui ont de nombreuses matières en commun. Le cursus BioVet peut constituer une alternative intéressante si vous n'êtes pas reçu en MedVet en première année, car il sera généralement possible de le réintégrer par la suite.

En Roumanie

Zacharie, en deuxième année d'études de médecine vétérinaire à l'université des sciences agronomiques et vétérinaires à Cluj-Napoca (Roumanie), nous raconte son expérience : « *Après un bac scientifique à Strasbourg, je savais que je voulais quitter la France car j'aime beaucoup voyager et rencontrer de nouvelles personnes.*
J'ai quand même décidé de faire une première année de PACES en France mais me suis vite rendu compte que ce n'était pas pour moi. J'avais toujours voulu être vétérinaire mais été convaincu que je ne pourrais pas y arriver faute de très bons résultats scolaires au lycée.
Par des amis, j'ai appris qu'il était possible de faire des études de médecine vétérinaire en Espagne, au Portugal et en Roumanie. Pour être admis en Roumanie, il m'a fallu envoyer mes bulletins de première et terminale et obtenir un certain nombre de documents certifiés auprès de la mairie. Tout cela est bien expliqué sur le site de l'université ! Pour espérer intégrer l'université de Cluj en médecine vétérinaire, il vaut mieux au moins obtenir 12 de moyenne au bac car il y a de plus en plus de candidats.
J'ai été accepté au Portugal et en Roumanie mais j'ai finalement choisi Cluj en Roumanie, car la ville et l'université m'avaient été recommandées par des amis. Je ne connaissais personne à mon arrivée mais j'ai rapidement rencontré beaucoup d'autres étudiants.
Pour les études vétérinaires, il existe des sections en trois langues : français, anglais et roumain.

J'ai choisi la filière anglaise car elle me donnait plus de liberté pour la suite, me permettait d'élargir mes horizons et de ne pas être qu'avec des Français (même si nous sommes quand même à peu près 30 Français dans une classe de 45). Le fait de faire mon cursus en anglais me donne aussi la possibilité d'avoir des équivalences simplifiées avec le Canada et les États-Unis. Les études de médecine vétérinaire durent six ans en Roumanie (contre cinq ans au Portugal et en Espagne) et le diplôme est reconnu dans toute l'UE et en Israël. Le cursus permet également de choisir une spécialité telle que Nouveaux animaux de compagnie (perroquets, reptiles, rongeurs...), ou encore Chirurgie.

Les cours sont entièrement en anglais mais on a quand même deux heures de cours de roumain par semaine, ce qui permet de bien se familiariser avec la langue !

On est très encadrés, tous les profs nous connaissent, c'est un peu comme au lycée : l'objectif des profs est vraiment de nous aider à obtenir notre diplôme. Le cursus est bien structuré et organisé – les profs ont un bon niveau d'anglais et je n'ai jamais eu aucun problème administratif ! J'ai environ trente heures de cours par semaine (deux heures de cours pratique et deux heures de cours théorique pour chaque matière) et du travail personnel. Le fait de mettre en pratique les savoirs théoriques dans chaque matière permet vraiment d'apprendre plus vite. De plus, nous devons également effectuer un certain nombre de stages obligatoires en Roumanie au cours de notre cursus et avons aussi des visites organisées par l'université.

Il y a deux vraies sessions d'examen par an (en février et en juin) mais aussi des partiels intermédiaires en décembre et avril, qui permettent de valider une partie des cours.

La Roumanie ne ressemble pas du tout à ce que l'on pense. J'ai été très agréablement surpris par le dynamisme et l'excellente qualité de vie à Cluj ! C'est une super ville étudiante avec de nombreux bars – idéal pour étudier mais aussi faire la fête ! Il y a aussi énormément d'étudiants français !

La vie est vraiment abordable : il faut compter 500 € pour un très grand deux pièces près de l'université ou environ 160 € par mois pour une chambre en colocation.

Les prix commencent à augmenter du fait du passage à l'euro prévu en 2021.
Les frais de scolarité à l'université de Cluj s'élèvent pour l'instant à environ 6 000 € par an (soit 36 000 € pour six ans) mais risquent d'augmenter dans les prochaines années. Cela reste toutefois bien inférieur aux frais de scolarité en Espagne qui coûtent plus du double !
De plus, la France n'est qu'à 1 h 45 en vol direct et les billets d'avion sont très abordables (on en trouve même à 50 € pour un aller-retour).
Après leurs études, la majorité des étudiants français décident de rentrer en France ou partent s'installer dans d'autres pays européens ou en Amérique du Nord. Les diplômés en médecine vétérinaires sont en effet très bien accueillis à leur retour en France et dans de nombreux pays car la fac de véto de Cluj a bonne réputation !
Une dernière chose à bien avoir en tête : il fait très froid l'hiver ! L'année dernière, nous avons eu jusqu'à – 27 °C : n'oubliez donc pas d'apporter un manteau bien chaud ! »

Étudier la pharmacie

Au Portugal

Roman, étudiant en sciences pharmaceutiques à l'université CESPU à Porto, nous explique le choix du Portugal pour ses études de pharmacie : *« Après deux années de PACES à Strasbourg, j'ai décidé de partir au Portugal pour suivre un cursus de sciences pharmaceutiques à l'université CESPU à Porto.*
À mon arrivée, l'université proposait à tous les étudiants une formation de 30 heures sur deux semaines afin d'acquérir des rudiments de portugais avant le début des cours. Toutefois, en première année, tous les cours sont en français afin de nous laisser du temps pour nous habituer à notre nouvel environnement. J'ai été vraiment surpris par le nombre d'étudiants étrangers, notamment plus de 500 Français mais aussi beaucoup d'Espagnols et d'Italiens !
Les études sont exigeantes et je ne m'attendais pas à ce que le niveau soit aussi élevé. J'ai quand même réussi à valider mon premier

semestre avec une très bonne moyenne et je me sens vraiment valorisé dans ce cursus. Il y a beaucoup d'entraide entre les étudiants, et de travail en groupe !
Une année de pharmacie au Portugal coûte environ 7 000 € par an et la formation dure cinq ans. On se sent vraiment suivis par les professeurs qui sont, pour la plupart, portugais mais font quand même l'effort de nous parler en français. On a aussi quatre heures de cours de langue portugaise par semaine pour se préparer à l'année prochaine où tous les cours seront en portugais. Mes amis qui sont déjà dans les années supérieures m'ont toutefois rassuré sur le fait qu'ils se sont habitués sans trop de difficultés.
Le fait de partir a été assez dur au début mais je reviens en France régulièrement – les billets d'avion pour la France sont en effet abordables si on les achète à l'avance (moins de 70 € pour un aller-retour). J'ai rencontré énormément de gens très ouverts et gentils au Portugal. Il ne faut vraiment pas partir avec des a priori, on est tous heureux d'être dans ce nouveau cadre et de faire ce que l'on aime ! J'ai complètement changé grâce à cette expérience : je suis très heureux d'avoir eu une deuxième chance. Il y a beaucoup de choses à découvrir dans le pays et mon objectif est de découvrir tout le Portugal pendant mes cinq années. La vie étudiante au Portugal est aussi réputée pour la fête : chaque année ont même lieu les "Queima das fitas", des fêtes étudiantes pendant toute une semaine dans tout le pays !
Même si mon objectif est de rentrer en France après mes études, j'ai beaucoup d'amis qui sont tombés amoureux du Portugal et qui souhaitent s'y installer définitivement ! »

En Espagne

Les universités Universidad Alfonso X (UAX), Universidad Europea Madrid (UEM), Universidad Francisco de Vitoria (UFV) et San Pabo CEU à Madrid proposent également des cursus de pharmacie. Pour l'admission, en plus de votre dossier scolaire, un niveau B1 en espagnol sera généralement demandé et vous aurez aussi dans certains cas à passer des tests psychotechniques et un entretien de motivation. Les frais de scolarité se situent entre 10 900 € (à l'UFV) et 15 520 € (à l'UEM).

PARTIE II

PRÉPARER VOTRE DOSSIER DE CANDIDATURE

1| PRÉPARER SON DOSSIER DE CANDIDATURE EN BACHELOR AU ROYAUME-UNI (UCAS)

UCAS : qu'est-ce que c'est ?

Vous rêvez de partir étudier dans une université au Royaume-Uni après le bac ? Vous allez devoir constituer un dossier sur la plateforme UCAS. UCAS est l'acronyme de University and College Admissions Services. Au même titre que Parcoursup en France, UCAS centralise l'ensemble des candidatures émises par les étudiants souhaitant intégrer un programme post-bac (*undergraduate*) à temps plein au Royaume-Uni (Angleterre, Écosse, Pays de Galles, Irlande du Nord).
En moyenne, près de 700 000 étudiants s'enregistrent chaque année sur la plateforme UCAS pour candidater à des universités.

Quels sont les avantages de la plateforme UCAS ?

Le portail UCAS a été conçu dans le but de faciliter les démarches des étudiants et comporte de nombreux avantages :

- un large choix d'universités. Près de 384 établissements et universités figurent sur le portail UCAS : 5 en Irlande du Nord, 17 au Pays de Galle, 20 en Écosse et 342 en Angleterre. Vous pourrez donc postuler facilement dans toutes ces universités ! *Via* la procédure UCAS, vous pourrez émettre un maximum de cinq vœux (quatre pour les études de médecine, de dentaire ou de vétérinaire) ;
- un seul dossier de candidature commun : il vous suffira pour cela de remplir un unique dossier de candidature pour vos études au Royaume-Uni, qui sera ensuite directement transmis – *via* UCAS – aux différentes universités sélectionnées ;
- une procédure de candidature grandement facilitée et moins onéreuse que s'il fallait postuler de façon indépendante à chaque établissement. En effet, par le biais du portail UCAS, il faudra vous acquitter d'une trentaine d'euros pour cinq vœux émis ;
- un suivi de dossier centralisé : une fois les candidatures envoyées, vous pourrez suivre l'évolution du traitement de votre dossier UCAS

en vous connectant à votre espace personnel *Track* sur le site de UCAS (track.ucas.com).

Respecter les délais

Afin que la plateforme UCAS puisse prendre en considération votre dossier de candidature, vous devez impérativement respecter certaines échéances, qui varient selon les universités et les cursus sélectionnés. Pour la majorité des universités, la date limite est fixée au 15 janvier à 19 heures (heure de France) pour une rentrée en septembre prochain. Pour Oxford ou Cambridge, ainsi que pour les cursus de médecine, dentaire ou vétérinaire, le dossier de candidature devra impérativement être soumis à UCAS au plus tard le 15 octobre à 18 heures (heure anglaise) de votre année de terminale.

Quels éléments inclure dans votre dossier de candidature UCAS ?

Si le portail UCAS a été conçu dans l'optique de faciliter les démarches de candidature des étudiants, vous allez toutefois devoir franchir un certain nombre d'étapes avant, pendant et après votre inscription sur la plateforme.

Constituer votre dossier de candidature

Une fois l'étape de la préparation franchie, rendez-vous sur www.ucas.com afin d'ouvrir votre dossier de candidature *via* le système Apply. Il vous sera alors demandé de **créer votre espace personnel** sécurisé. Pour cela sur le site UCAS, cliquez sur *Sign in → Students → Undergraduate → Apply → Register* pour vous inscrire et obtenir votre UCAS Personal ID ainsi que vos identifiant et mot de passe qui vous seront demandés à chaque connexion.
Si votre lycée ne propose pas de *buzzword* (mot de passe) pour centraliser toutes les candidatures UCAS au sein de l'établissement, vous

devrez indiquer au moment de la création de votre compte que vous vous inscrivez *as an individual* (« de manière indépendante »).

Dans la section *Personal Details*, compléter vos informations personnelles :

- nom et adresse permanente ;
- date à laquelle vous envisagez de vous installer au Royaume-Uni (généralement autour du 15 septembre de l'année d'intégration de l'université) ;
- nationalité et manière de financer vos études ;
- si vous l'avez déjà, votre score IELTS avec votre numéro TRF (indiqué sur la feuille de résultat reçue après le test) ;
- état de santé.

Dans la section *Choices*, sélectionner cinq cursus universitaires (sans ordre de préférence) dans lesquels vous souhaitez déposer votre candidature. **À noter :** pour les cursus de médecine, dentaire ou vétérinaire, le nombre de vœux est réduit à quatre et vous pourrez choisir un 5e vœu en *biomedical sciences* par exemple.

Il est primordial de prendre le temps de **bien sélectionner les cursus et universités que vous sollicitez** et de vous assurer que les programmes proposés sont en phase avec votre profil et vos notes prédictives au bac.

Par exemple, vous pourrez sélectionner les cinq cursus et universités suivantes :

- 1. BSc Mathematics (G100), University of Manchester ;
- 2. BSc Mathematics (G100), University of Warwick ;
- 3. BSc Mathematics (G100), University College London (UCL) ;
- 4. BSc Mathematics (G100), University of Edinburgh ;
- 5. BSc Mathematics (G100), King's College London (KCL).

Il est important de noter que le dossier de candidature UCAS étant commun à tous les cursus sélectionnés, vos cinq choix vont devoir respecter une certaine cohérence.

Il est fortement recommandé de **choisir cinq cursus communs ou similaires** dans les cinq universités dans lesquelles vous allez postuler (ici, cinq cursus de mathématiques mais aussi cinq cursus de philosophie, politique et économie, cinq cursus de droit, cinq cursus de relations internationales, cinq cursus d'ingénierie...).

A contrario, dans un même dossier UCAS, il sera fortement déconseillé de postuler à la fois en mathématiques à Manchester et en philosophie à UCL par exemple. Il sera en effet difficile pour vous de défendre dans votre dossier commun un véritable intérêt pour des cursus aussi différents.

Pour certains cursus spécifiques qui ne sont pas proposés dans toutes les universités (comme *arts and sciences* à UCL ou *Global Sustainable Development with Business Studies* à Warwick par exemple), il vous sera parfois demandé de soumettre un ***2nd personal statement*** ou de remplir un questionnaire une fois votre dossier UCAS envoyé. Il est donc possible de candidater dans ces cursus même si vos quatre autres choix sont relativement différents.

Par ailleurs, il est important de noter qu'il n'y a **aucun ordre ou hiérarchie entre les cursus** à ce stade. Ne vous préoccupez donc pas de l'ordre dans lequel vous entrez vos choix !

Il est très important de noter que l'admission dans un cursus universitaire au Royaume-Uni sera toujours conditionnée à l'obtention de certaines notes aux épreuves finales du baccalauréat au mois de juin de terminale.

Par exemple, vous pourrez être admis dans un programme mais « sous condition d'obtenir 16/20 de moyenne au baccalauréat, 16/20 en histoire-géographie et 7 de moyenne à l'IELTS avec 6,5 minimum dans chaque sous-épreuve ».

Vous ne serez donc définitivement admis dans le cursus et l'université en question qu'une fois que vous aurez rempli toutes les conditions de votre offre au mois de juillet.

Si vous ne parvenez pas à les remplir, l'université se réserve le droit de ne pas vous admettre et la décision se fera alors au cas par cas. Dans les universités les plus sélectives, si vous manquez les conditions de votre offre, même s'il ne s'agit parfois que de 0,5 ou 1 point de moins dans une matière, cela pourra conduire à ne pas être admis.

Les critères d'admission en fonction du type de baccalauréat et du cursus auquel vous souhaitez candidater sont disponibles sur le site de chaque université. Si vous ne parvenez pas à trouver l'information sur leur site, n'hésitez pas à vous rapprocher du service d'admission de l'université concernée par téléphone ou par mail.

Chaque cursus universitaire dispose de **son propre code UCAS (du type *G100*)** qui est indiqué sur le site de l'université, donc vérifiez bien que vous avez bien choisi le cursus souhaité.

Pour identifier toutes les universités qui proposent le cursus recherché, n'hésitez pas à vous rendre sur le site : digital.ucas.com/search et de renseigner le ou les cursus qui vous intéressent.

Assurez-vous d'avoir collecté suffisamment d'informations sur le cursus et les universités auxquels vous souhaitez candidater. Pour cela :

- consultez les sites internet des universités et les vidéos YouTube proposées ;
- regardez les critères d'admission du cursus sélectionné en vous posant les questions suivantes :
  - quelles sont les notes et matières demandées ?
  - quel est le niveau d'anglais attendu ?
  - une expérience professionnelle est-elle requise (comme pour les études de médecine ou de vétérinaire) ?

Dans la section *Education*, vous devrez au moins indiquer le lycée dans lequel vous allez passer votre baccalauréat et vous pourrez éventuellement ajouter vos lycées et collèges précédents.

Dans les *Qualifications*, indiquez le type de baccalauréat que vous allez obtenir (généralement *France-baccalaureat*). Une fois sélectionné, vous devrez indiquer toutes les matières aux épreuves anticipées du bac avec les notes obtenues et la date.

Vous devrez aussi impérativement ajouter toutes les matières que vous allez passer au baccalauréat en terminale et la date à laquelle vous obtiendrez les résultats (juillet de votre année de terminale généralement) mais en laissant le champ *Result* vide.

Vous pourrez également ajouter le brevet des collèges et vos résultats à un examen d'anglais (par exemple IELTS, Cambridge ou TOEFL). Il n'est toutefois pas nécessaire de le fournir au moment de l'envoi de votre dossier UCAS et vous aurez généralement jusqu'à la fin du mois de juillet de votre année de terminale pour obtenir le score demandé à un test d'anglais par le cursus visé.

Néanmoins, l'obtention d'un score minimal à un test d'anglais peut être une condition d'admission au même titre qu'une moyenne générale ou une note minimum à une épreuve du bac dans votre offre d'admission. Il est donc vivement conseillé de commencer à préparer et passer ces tests avant ou en parallèle de votre inscription UCAS car vous devrez parfois vous y reprendre à plusieurs reprises avant d'obtenir le score visé.

Dans la section *Employment*, ne mentionnez que vos emplois salariés (avec fiche de paye). Si vous n'en avez jamais eu, vous pouvez laisser cette section vide et cliquer sur *Section completed*.

Dans la section *Personal statement*, en moins de 4 000 caractères (espaces comprises), vous devrez avant tout démontrer votre intérêt, vos compétences et votre motivation pour le cursus universitaire que vous souhaitez intégrer.

La question fondamentale à laquelle vous devrez répondre est la suivante : « Qu'avez-vous fait jusqu'à présent qui vous amène à penser que vous êtes un bon candidat pour ce cursus en particulier ? »

Le *personal statement* joue un rôle décisif dans votre dossier de candidature UCAS. Il est donc important de consacrer beaucoup de temps à son élaboration. Il n'est en effet pas rare pour certains étudiants de devoir réécrire leur *personal statement* un grand nombre de fois avant d'atteindre un résultat abouti. Donnez-vous donc suffisamment de temps (au minimum un mois) pour y réfléchir, faire des recherches, le rédiger et le corriger jusqu'à en être entièrement satisfait.

Une fois finalisé, il vous suffira de copier-coller votre *statement* dans la section sur UCAS en vous assurant qu'il respecte bien le maximum de

4 000 caractères espaces incluses en cliquant sur *Preview*. N'hésitez pas à le relire une dernière fois avant de cliquer sur *Section completed*.

Dans la section *Reference*, vous devrez indiquer les coordonnées de votre professeur référent et son titre (par exemple, *English teacher*). Pour *Organisation name*, *Address* et *Telephone number*, précisez le nom et les coordonnées de votre lycée. Pour le mail de votre professeur, il est important de mettre son adresse mail officielle du lycée ou de l'académie et non une adresse personnelle.
Une fois cette section complétée, votre professeur va recevoir un mail lui permettant de télécharger votre lettre de recommandation et de prédire vos notes au baccalauréat. Veillez à solliciter votre professeur suffisamment à l'avance pour avoir la garantie d'obtenir cette lettre lorsque vous lancez votre procédure de candidature sur UCAS.

Valider votre dossier

Avant de **valider votre dossier**, assurez-vous que toutes les sections ont bien été remplies et que toutes les informations qui y figurent sont correctes.
Il ne vous reste plus qu'à **payer les frais d'inscription** – qui s'élèvent environ à 25 £ (30 €) – pour finaliser et soumettre votre dossier.
Vous n'êtes évidemment pas contraint de terminer votre dossier de candidature en une seule fois. Vous pouvez enregistrer vos réponses à chaque section et le compléter au fur et à mesure.

Que faire après l'envoi de votre dossier UCAS ?

Une fois votre dossier de candidature validé, UCAS se charge de le transmettre aux universités sélectionnées. Si vous changez d'avis sur un de vos choix, vous aurez 14 jours à partir du moment de l'envoi de votre dossier pour faire des modifications.
Vous pourrez effectuer ces changements et suivre l'évolution de votre processus d'admission *via* le système UCAS Track (track.ucas.com) à l'aide de votre *personal ID* et de votre mot de passe. Si vous êtes

déjà titulaire du bac, les universités pourront vous faire des offres sans condition ou *unconditional offer* (offre définitive d'admission). Si ce n'est pas le cas, vous recevrez des *conditional offers* (admission sous condition de notes au baccalauréat et à un test d'anglais).
Une fois que vous aurez rassemblé tous les éléments et soumis votre dossier sur UCAS avant la date limite, il faudra alors attendre patiemment les résultats, commencer à préparer vos éventuels entretiens d'admission et réviser pour votre bac afin de remplir les conditions de votre offre !

Bon à savoir

- Il ne sera pas possible de candidater à la fois à Oxford et à Cambridge (souvent désignées par *Oxbridge*). Il faudra donc faire un choix selon le cursus.
- UCAS s'engage à ne pas révéler aux établissements les vœux alternatifs émis par l'étudiant.
- Les universités auront généralement jusqu'au 31 mars pour vous répondre mais de nombreuses d'universités commencent déjà à envoyer leurs offres seulement quelques semaines après la réception de votre dossier de candidature.
- Certains cursus ou universités (Oxford ou Cambridge) vous demanderont également de **passer des examens supplémentaires** tels que le test TSA (*Thinking Skills Assessment*) pour le BA en *Philosophy, Politics and Economics* à l'université d'Oxford ou le test MAT pour les mathématiques.
- Pour les cursus à dimension artistique (art plastique, architecture, design, réalisation...), vous devrez aussi **préparer un portfolio** de votre travail. N'hésitez pas à vous renseigner sur le site des universités pour en savoir plus sur les attentes en termes de portfolio.

Pour certains cursus ou universités, vous pourrez aussi être invité à **passer des entretiens de sélection.**

Consultez régulièrement votre boîte mail ainsi que vos spams car les universités peuvent vous contacter par ce biais pour vous demander des renseignements supplémentaires ou vous envoyer une convocation

pour un entretien. Vous recevrez également un mail de l'*UCAS Track* à chaque fois qu'une université vous aura répondu.
Une fois que vous aurez reçu toutes vos réponses, il vous faudra normalement répondre aux universités avant le 1er mai.
À ce stade, vous ne pourrez conserver que deux offres parmi toutes celles que vous aurez obtenues :

- **un choix ferme** (*firm choice*) – votre 1er choix : vous vous engagez à intégrer ce cursus si vous remplissez les conditions de votre offre au baccalauréat ;
- **un choix d'assurance** (*insurance choice*) – votre 2e choix ou option de sécurité : vous ne vous engagez à rejoindre ce cursus que si vous ne parvenez pas à remplir les conditions de votre premier choix et que l'université en question décide alors de ne pas vous admettre.

Une fois que vous aurez validé vos choix, vous pourrez alors faire votre demande de logement en résidence dans l'université qui est votre premier choix. Assurez-vous de bien regarder vos mails afin de respecter les délais pour faire votre demande !

Vous n'avez pas reçu l'offre souhaitée ? *UCAS Extra* et *UCAS Clearing*

Vous pourrez avoir recours aux procédures ***UCAS Extra*** ou ***UCAS Clearing***.

UCAS Extra

Si, après l'envoi de votre dossier, vous souhaitez décliner les offres reçues ou n'avez pas obtenu d'offres du tout, vous pourrez alors participer à la procédure UCAS Extra qui a lieu entre le 25 février et le 5 juillet.
Vous pourrez ajouter un seul choix à la fois sur Extra. Si le cursus choisi *via* Extra refuse votre candidature, vous pourrez candidater à d'autres cursus jusqu'à obtenir une offre.
Renseignez-vous bien auprès des universités pour savoir si le cursus visé admet des candidats *via* cette procédure.

Certaines universités n'y participent généralement pas (Oxford, Cambridge, Imperial et la LSE).

UCAS Clearing

Si vous n'avez toujours pas reçu d'offre ou que vous n'avez pas obtenu les notes demandées au baccalauréat par vos deux choix (*firm and insurance*), vous pourrez à partir du 6 juillet et jusqu'au 20 octobre utiliser la procédure UCAS Clearing afin d'être admis dans une université au Royaume-Uni.
Vous pourrez vous rendre directement sur le site des universités ou sur le site https://digital.ucas.com/search en choisissant le filtre *Show courses with vacancies* afin d'identifier les cursus ayant encore des places disponibles. Les universités d'Oxford, Cambridge, Imperial, LSE, UCL, St Andrews et Durham ne participent généralement pas à la procédure Clearing. Toutefois, d'autres excellentes universités comme King's College, Warwick, Bath, Manchester, Exeter ou encore Queen Mary y participent chaque année !
Lorsque vous aurez identifié un cursus encore disponible en Clearing, rapprochez-vous de l'université en question (par téléphone ou par mail) pour savoir si vos notes du bac vous permettraient d'être admis dans ce programme ! Une fois que vous aurez obtenu la confirmation de l'université, vous n'aurez plus qu'à valider votre place sur UCAS Track et faire votre demande de logement en résidence.

Conseils pour la rédaction de la lettre de recommandation de votre professeur pour UCAS

Comme vous le savez, il vous faudra également obtenir une lettre de recommandation d'un enseignant de votre lycée (de seconde, première ou terminale) afin de valider votre dossier UCAS.
Étant donné que cette lettre jouera un rôle décisif dans votre admission, il est fondamental que vous preniez du temps pour réfléchir de manière stratégique au professeur qui vous semble le plus à même d'être le plus élogieux à votre égard dans cette lettre.

Les éléments indispensables de la lettre

Voici les éléments qui doivent impérativement apparaître dans votre lettre de recommandation pour **maximiser vos chances d'admission.** Afin de rédiger une lettre de recommandation conforme aux attentes des universités au Royaume-Uni, vous trouverez ci-dessous une **liste de questions et d'instructions qui pourront guider votre professeur** dans la rédaction de sa lettre.

Introduction

- En quelques mots, quels sont la taille, le type et le niveau global du lycée ?
- Depuis combien de temps connaissez-vous le candidat ? Quelle matière lui avez-vous enseignée ? En quelle année ?
- Dans quel contexte, s'il y a lieu, avez-vous connu le candidat en dehors de la classe ?

Personnalité du candidat

- Quelles sont vos impressions sur la personnalité du candidat ? Quels sont les premiers mots qui vous viennent pour décrire son caractère ou sa personnalité ?
- Seriez-vous en mesure de partager un ou plusieurs exemples concrets pour illustrer et soutenir ce que vous pensez de cet élève ? Si possible, justifiez l'utilisation d'un adjectif par un exemple.

Performance académique

- Quelle est la performance académique de l'élève ? Pourriez-vous commenter la nature et la qualité de son travail ? Fait-il preuve de motivation, d'assiduité, de ténacité ? Est-il capable de travailler de manière indépendante ?
- L'étudiant possède-t-il de bonnes capacités d'analyse et d'argumentation et des qualités d'expression à l'écrit comme à l'oral ?
- L'élève se situe-t-il en tête de classe ou parmi les meilleurs étudiants dans certaines matières ?

Cohérence de la filière d'étude envisagée avec son profil

- En quoi son profil est-il adapté à la filière d'étude envisagée ? Comment décririez-vous son attitude, sa motivation et son engagement dans les matières liées à ce cursus ?
- Comment estimez-vous son potentiel pour réussir à l'université dans le cursus visé ?
- Si l'étudiant vise un cursus scientifique : possède-t-il des capacités d'analyse quantitative, une grande curiosité scientifique ou fait-il preuve d'engagement pendant les travaux pratiques ?
- Si l'étudiant vise plutôt un cursus d'humanités, de sciences sociales ou encore de commerce : possède-t-il de grandes capacités d'analyse, de synthèse, de rédaction ? Démontre-t-il une curiosité intellectuelle, un intérêt pour l'actualité à travers des lectures en dehors du cadre scolaire ?
- Quels sont ses accomplissement et qualités présents ou passés qui pourraient contribuer à sa réussite dans le domaine d'étude choisi ?
- Quels autres éléments pourraient faire de lui un atout dans sa future université ?
- Y a-t-il des informations contextuelles ou circonstances atténuantes qui devraient être prises en compte (circonstances personnelles, maladie, handicap, ou absence) ou qui pourraient avoir affecté sa performance (changement de professeur par exemple) ?

Prévision de notes au bac

À la fin de cette lettre, vous allez également devoir prédire la moyenne générale et les notes que vous estimez que l'étudiant pourra obtenir à son baccalauréat. **Cette estimation va jouer un rôle fondamental** dans l'évaluation de sa candidature. En effet, étant donné que les bulletins scolaires ne font pas partie du dossier UCAS, les universités se fieront uniquement à ces prévisions de notes pour déterminer la moyenne générale et les résultats que le candidat est susceptible d'obtenir au baccalauréat.

Ainsi, si l'estimation donnée dans la lettre de recommandation est inférieure à la note minimum requise pour le cursus choisi dans l'université

en question, le candidat risque d'être éliminé avant même d'avoir été évalué sur les autres éléments de son dossier.
Par exemple, si la London School of Economics (LSE) demande dans ses critères d'admission (*entry requirements*) un 16/20 en mathématiques au bac pour intégrer le BSc Economics et que vous lui prédisez un 13/20 en maths, l'étudiant ne pourra pas recevoir d'offre d'admission de cette université.
Il est donc important de transmettre en amont à l'étudiant les notes prédictives au bac que vous allez indiquer afin qu'il puisse choisir ses universités en conséquence. Il est en effet inutile de candidater à des cursus universitaires pour lequel les notes demandées sont supérieures à celles que vous allez lui prédire.

Soyez réaliste mais n'hésitez pas à faire preuve d'optimisme et à **indiquer les notes les plus élevées possibles pour le candidat**. En effet, cette prédiction de notes sera déterminante dans la décision de l'université de lui faire une offre d'admission. La note minimum demandée est en effet souvent insuffisante pour les cursus les plus compétitifs.
Dans tous les cas, cette offre sera toujours conditionnée à l'obtention réelle des notes demandées dans le barème standard de chaque université.
Vous pourrez préciser à la fin de votre lettre de recommandation les notes par matière que vous prédisez au baccalauréat pour cet élève par une phrase de ce type : « ***I predict that my student will achieve the following grades : --/20 in Maths, --/20 in Physics-Chemistry, --/20 in Biology-Geology, --/20 in English, --/20 in History-Geography and --/20 in Philosophy.*** »
Vous devrez également remplir la section *Predicted grades* et indiquer dans la case à côté de *France-baccalaureat* la moyenne générale prédite à l'étudiant au bac.

Autres informations importantes à noter pour la lettre

- La lettre de recommandation doit être en anglais et peut contenir jusqu'à 4 000 caractères ou 47 lignes de texte (y compris les espaces et les lignes blanches).
- Il n'est pas nécessaire d'y inclure de coordonnées, formules de politesse et salutations, mais simplement le corps du contenu !
- Il est recommandé au professeur d'écrire la lettre de recommandation au format Microsoft Word dans un premier temps avant de la copier-coller sur le site UCAS.
- Il faut éviter de mentionner une université au Royaume-Uni en particulier car la lettre est commune à toutes les universités dans lesquelles l'étudiant va envoyer sa candidature.
- Si la langue maternelle du candidat n'est pas l'anglais, vous pouvez également commenter sa capacité à écrire et parler en anglais et indiquer si une partie de ses études a été suivie en anglais.
- Enfin, pour des raisons de protection de la vie privée, l'étudiant est en droit de demander une copie de la lettre de recommandation à UCAS. Il est en effet écrit sur le site UCAS : « *When writing a reference, you should remember that – under the terms of the Data Protection Act 2018 – applicants can ask for copies of their references and any other personal information that we have about them.* » Il est donc recommandé de lui partager la lettre avant de la soumettre.

Pour plus d'informations

Consulter la section *Reference* sur le site www.ucas.com/advisers/references

Exemple de lettre de recommandation pour UCAS

« *I am currently Jessica's Social Science teacher for her last year in our academically challenging high school,* [nom du lycée, ville, pays]. *The curriculum taught in my class combines sociology, economics and political science.*

Jessica's interests are wide-ranging and her level of participation in class is outstanding. She possesses incredible maturity for her age and

does not hesitate to challenge conventional views when discussing topics in class, often coming up with alternative ideas or questioning the most obvious answers.

Jessica is among the top students in a very bright class and has a strong capacity for hard and challenging work. She has impressive grades in all her subjects which reflect her talents ranging from qualitative and quantitative analysis to communication skills. With her all-round academic strength and commitment, I am confident that she can succeed in even the most rigorous curriculum at university.

I can testify that Jessica is a dynamic, attentive and highly motivated student, who is as good at speaking and oral argumentation as she is at expressing her thoughts in writing. She often volunteers to do class presentations, and her comments during class discussions always raise interesting and insightful issues. I have noticed Jessica's genuine interest in history and politics at all levels as well as her eagerness to understand the relationships and roles between political institutions and transnational players during a presentation that she volunteered to do in class. I have seen her intellectual curiosity blossom, and she has shown exceptional writing skills and a great ability to analyse complex topics from various perspectives, such as when comparing the French and American political systems.

She is also deeply involved in school life and highly appreciated by her peers. She has the compassion, willingness and necessary skills to collaborate with others. Her outstanding drive to complete in-depth, independent research, on both primary and secondary sources was evidenced by her supervised group project last year on the History of Feminism. Indeed, she and her peers obtained an excellent mark of 19/20.

Jessica has an open and inquisitive mind. She is especially engaged in the subjects of ancient and modern history and current affairs, and takes an interest both in the origins of the ideas and theories that we discuss in school and in their relations with recent news. Moreover, the numerous authors and resources that she is able to draw on and analyse in both her History and Social Science written work clearly shows that Jessica's knowledge of these subjects goes far beyond the school curriculum and that she reads extensively outside of class.

Jessica has a very international outlook and is extremely curious about other cultures. I am convinced that Jessica will thrive in an academically challenging environment and that she will succeed in a research-based or diplomatic career. It seems obvious to me that she would want to study History and International Relations at a leading institution in the United Kingdom, and I fully support her application. According to her latest results, her predicted grades (all out of 20) for the French baccalaureate would be an average of 16/20 with 16 in Social Science, 16 in History-Geography, 15 in Philosophy, 16 in English, 17 in Latin, 15 in Spanish and 18 in Maths. »

Conseils pour la rédaction de votre UCAS *personal statement*

Pourquoi rédiger un UCAS *personal statement* ?

Dans votre dossier de candidature UCAS pour le Royaume-Uni, votre *personal statement* sera une pièce maîtresse et le meilleur moyen de vous distinguer de milliers d'autres candidats. Il s'agit en effet d'une opportunité d'exprimer vos motivations et votre intérêt pour la matière et le cursus envisagés, et d'évoquer tous les éléments de votre parcours qui font de vous un candidat idéal pour ce cursus.
Ce *personal statement* doit donc faire l'objet d'un travail de réflexion et de recherche important afin de vous présenter sous votre meilleur profil et de maximiser vos chances d'admission dans les universités et cursus les plus sélectifs.

Quand faut-il commencer à le rédiger ?

Pour celles et ceux qui ne sont pas de langue maternelle anglaise et qui ont une connaissance ou des expériences limitées avec la/les matière(s) qu'elles ou ils envisagent d'étudier à l'université, cet exercice peut s'avérer particulièrement difficile. Même si votre anglais est parfait, un *personal statement* rédigé à la hâte contiendra probablement des erreurs, des idées incomplètes ou encore un nombre de ressources insuffisantes. Il est donc indispensable d'avoir suffisamment de temps pour le peaufiner et le faire éventuellement revoir par plusieurs personnes avant de le soumettre. C'est la raison pour laquelle il est important de démarrer la rédaction de votre *statement* dès la classe de première et de vous donner plusieurs semaines, voire idéalement plusieurs mois, pour le rédiger. L'été précédant votre rentrée en terminale pourrait par exemple être le moment idéal pour rédiger votre *personal statement*, en parallèle de vos vacances, stages et autres activités.

Que doit contenir mon *personal statement* ?

Le *personal statement* doit expliquer les raisons pour lesquelles vous seriez le candidat idéal pour le cursus sélectionné. Ce *statement* est commun aux cinq cursus dans lesquels vous allez candidater. Pour cette raison, il est important d'éviter de mentionner une université en particulier ! Par exemple, vous pouvez décrire des éléments du cursus qui vous intéressent particulièrement et expliquer pourquoi, mais absolument éviter d'entrer dans un niveau de détail trop important sur un cursus spécifique ou de mentionner le nom d'un professeur ou d'une université en particulier.

Exemple de phrase à bannir : *I look forward to Professor Smith's class on British History at the LSE* (phrase qui parle spécifiquement d'une université et d'un professeur en particulier, alors que le dossier est commun à cinq universités).

De plus, il est important de mentionner au minimum deux ou trois ressources (livres, conférences, documentaires, podcasts, blogs) que vous avez consultées en dehors du cadre scolaire et en lien avec le cursus envisagé. Les livres sont particulièrement importants à mentionner. Vous devriez donc commencer à cultiver votre intérêt pour les matières que vous souhaitez étudier à l'université le plus tôt possible !

Le *personal statement* en bref

- Le *personal statement* est commun à cinq cursus universitaires au Royaume-Uni.
- Sa longueur maximale est de 4 000 caractères et 47 lignes (espaces et lignes blanches comprises).
- Il doit être constitué d'exemples précis et concrets : la règle d'or à respecter est de « montrer, non d'affirmer ».
- Il doit démontrer votre intérêt pour le cursus à travers des exemples de lectures, conférences, expériences, activités réalisées au cours des dernières années, **par exemple :** « *Reading "X" by X has taught me... The author's theory on X was particularly inspiring as it shows that...* »
- Il ne doit pas être descriptif : vous devez clairement y exprimer votre point de vue, **par exemple :** « *While I agree with X's view that..., I believe that Y's theory provides a better framework to understand...* »
- Il doit prouver que vous avez le potentiel académique pour réussir dans ce cursus à travers les matières déjà étudiées au lycée et vos expériences extrascolaires (concours généraux, *summer schools*...), **par exemple :** « *Studying mathematics at the highest level in high school has prepared me well to develop strong analytical skills that will allow me to succeed in the rigorous academic curriculum...* »
- Il doit évoquer certaines compétences transférables que vous avez développées grâce à vos stages, expériences et activités qui vous seront utiles dans ce cursus, **par exemple :** « *My role as captain of the basketball team for the last four years has allowed me to develop my leadership skills and to work well in a team...* »
- Il doit être authentique et personnel et éviter les citations.
- Il doit faire l'objet de recherches et doit être réécrit jusqu'à l'obtention d'une version véritablement aboutie.
- **80 %** de votre *personal statement* doit porter sur **votre intérêt académique** pour le cursus visé et seulement 20 % sur vos activités extrascolaires.

Avant d'aller plus loin

N'hésitez pas à prendre quelques minutes pour regarder cette vidéo : www.ucas.com/ucas/undergraduate/getting-started/when-apply/how-write-ucas-undergraduate-personal-statement

Quelle structure le *personal statement* doit-il respecter ?

Votre *personal statement* devra plus ou moins reprendre la structure ci-dessous :

- introduction (environ 6 lignes) ;
- intérêt académique pour la matière envisagé (22-30 lignes) ;
- activités extrascolaires (6-10 lignes) ;
- conclusion (2-4 lignes).

Au total, votre *personal statement* ne devra pas dépasser 47 lignes ou 4 000 caractères.

Bien que le *statement* **ne doive pas sembler trop rigide ou impersonnel**, nous vous proposons ce **guide étape par étape** pour chaque section de votre rédaction.

■ Introduction (environ 6 lignes)

Une bonne introduction doit expliquer vos motivations pour étudier la ou les matière(s) du cursus en question.

Pour vous aider à démarrer, essayez de répondre aux questions suivantes :

- quelle est l'expérience la plus marquante que vous avez déjà eue avec cette matière – un livre, une rencontre, une conférence, un stage, une personne ?
- qu'avez-vous appris de cette première découverte ?

Conseils

- Soyez honnête et direct, évitez les clichés comme : « J'ai toujours voulu étudier cette matière » (*I've always wanted to study this subject.*) ou « Enfant, déjà je rêvais de devenir ingénieur... » (*I've dreamed of becoming of an engineer since I was a child*) et les mots trop souvent utilisés comme « passionné » (*passion for/passionate about*) ainsi qu'« aussi » (*also*), « toujours » (*always*), ou encore « très » (*very*).

- Ayez une phrase d'amorce très accrocheuse afin de vous démarquer des autres candidats – soyez pertinent et allez droit au but ! Vous n'avez pas forcément besoin de trouver cette phrase d'accroche tout de suite. Il sera en effet peut-être plus simple de revenir sur ce point une fois que vous aurez choisi les points et thèmes principaux de votre *personal statement*.
- Si vous souhaitez à tout prix utiliser une citation (**même si ce n'est pas recommandé**), assurez-vous qu'elle soit vraiment originale et préférablement obscure. Posez-vous vraiment la question de ce que cela apporte à votre *personal statement* et n'oubliez pas de citer son auteur.

=> Commencer par une question ou par une réflexion personnelle sur la matière en question est généralement une approche efficace.

Vous trouverez ci-dessous quelques exemples d'introduction du *personal statement* et notre analyse.

Exemple d'introduction pour un cursus d'économie
My introduction to concepts as broad as productivity, the division of labour, and free markets in Adam Smith's The Wealth of Nations, *and comparative advantage in David Ricardo's* Principles of Political Economy and Taxation, *demonstrated to me the far-reaching applications of Economics across society. By studying Economics at university, I hope to build the toolset required to analyse government policies and market developments, and to inform my own career and financial decisions using an economic approach.*
Notre analyse : introduction intéressante dans laquelle le candidat explique à la fois les lectures qui ont forgé son intérêt pour l'économie et les connaissances et compétences qu'il souhaite acquérir grâce à ses études.

Exemple d'introduction pour un cursus en management

Indra Nooyi's rise from humble beginnings to 12 years as Pepsico CEO embodies bold leadership. Through her courage and ambitious target-setting, the group's turnover increased by 81% during her tenure as she internationalised the brand and diversified towards healthier products. As a nationally competitive skier for over 10 years, setting challenging goals to push myself is a large part of my life : from 15 hours of weekly training and high-stakes races, to climbing multiple summits in the Himalayas and the Andes, undertaking ambitious projects drives me. By studying management, I hope to challenge myself academically and gain a set of skills that will prepare me for an international career.

Notre analyse : introduction très accrocheuse dans laquelle l'étudiante rapproche l'expérience de la présidente de Pepsico de son parcours personnel et la manière dont cela a guidé son choix de poursuivre des études de commerce.

Exemple d'introduction pour un cursus en philosophie, politique et économie

The rise of the Front National in the 2017 French presidential election came as a surprise. The predictable success of Marine Le Pen's campaign, in contrast to the shock and mass street protests when her father reached the run-off in 2002, led me to question French political culture. Many citizens have lost faith in the State due to years of a stagnating economy, while rising immigration has provided a scapegoat for France's woes. These trends are not uniquely French and can be found worldwide. Growing support for nationalism and populism must be understood in a global context.

Notre analyse : l'étudiant part ici d'une observation et d'une analyse de l'actualité politique française pour ensuite élargir à des tendances politiques plus globales qui justifient son choix de cursus.

Exemple d'introduction pour un cursus en ingénierie

Understanding the way devices work and the link between carefully crafted theory and construction fascinates me. In Lyon, the incredible transformation of old docks into residential, entertainment and business districts shows the potential for engineering to completely transform the landscape of a city. This feat inspired me to research the physical concepts that ensure buildings have structural integrity, and drove me towards engineering as an academic discipline. I want to learn how to further develop my theoretical understanding in order to create new buildings, devices and machines.

Notre analyse : cette introduction est efficace car l'étudiant part d'une expérience personnelle – la transformation de la ville dans laquelle il a grandi grâce à l'ingénierie – et la manière dont cela l'a encouragé à poursuivre des études d'ingénieur.

Exemple d'introduction pour un cursus de mathématiques et management

Leonhard Euler's prolific work and influence across maths inspires me. In Ian Stewart's book In Pursuit of the Unknown, *I was fascinated to learn about Euler's formula for polyhedra, which introduced me to topology. I was keen to see how it could be applied to disciplines such as biology, for example by helping us to grasp how DNA works. His interdisciplinary work and research in fields including music theory is especially inspirational to me. Just as he wrote* Tentamen Novae Musicae, *hoping to bring maths and music together into one discipline, I wish to combine mathematics and business into one force for good.*

Notre analyse : introduction intéressante dans laquelle l'étudiant évoque à la fois les recherches qu'il a pu faire sur un grand mathématicien et la manière dont cela a renforcé son désir de poursuivre des études de mathématiques et de commerce.

Exemple d'introduction pour un cursus en histoire et relations Internationales

Discovering the history of Portugal and its links with my family history, was what first forged my interest in history and international relations. Having recently examined a picture of my grandfather taken during his national service in Angola in 1970, I tracked down two of his fellow servicemen to learn more about their experiences and the factors that led to this breakdown in the relationship between Portugal and its colony. This process taught me two things; the important role the past plays in shaping identity and the significance of international relations in shaping that history.

Notre analyse : l'étudiante dresse un parallèle intéressant entre l'histoire du Portugal et son histoire personnelle et la manière dont les recherches qu'elle a effectuées ont motivé son désir d'entreprendre des études d'histoire et de relations internationales.

Exemple d'introduction pour un cursus en science politique et relations internationales

Fukuyama notoriously foretold of the End of History, proclaiming the hegemony of Western liberal democracy. The fact that he was wrong, and a deep-seated struggle over national and international order remains, draws me to politics and international relations. In particular, I am fascinated by ongoing ideological debates : nationalism versus globalism; capitalism versus socialism; progressivism versus conservatism. Studying politics and international relations would help me to understand the processes behind those struggles and how they continue to shape history.

Notre analyse : l'étudiante part ici de la lecture d'un livre majeur des relations internationales, tire ses propres conclusions de cette lecture puis exprime la manière dont cela motive son désir de poursuivre un cursus de sciences politiques et de relations internationales.

- **Intérêt académique pour la matière envisagé (22-27 lignes)**

Dans la section suivante – section principale du *statement* – vous allez devoir démontrer un intérêt réel pour le cursus visé : cela passe par des exemples tangibles !

Réfléchissez à toutes les ressources que vous avez déjà explorées ou à celles que vous pourriez approfondir afin de démontrer votre intérêt pour le cursus universitaire que vous souhaitez poursuivre !

Vos objectifs principaux pour cette section sont donc :

- de créer une « histoire » sur la manière dont vous avez développé votre intérêt pour la ou les matières du cursus envisagé et d'aborder des exemples qui montrent que vous ne l'avez pas choisi par hasard ;

- de montrer toutes les voies par lesquelles vous avez exploré ce domaine d'étude : à travers des cours, lectures, articles, livres, vidéos, podcasts, conférences, expériences, *summer school* ou encore des projets scolaires ou extrascolaires ;
- d'essayer de le structurer en deux à quatre paragraphes de manière à le rendre plus lisible, une fois que vous aurez décidé du contenu que vous souhaitez inclure ici.

Nous vous proposons ci-dessous des exemples de cette deuxième partie pour plusieurs cursus ainsi que notre analyse.

Exemple de deuxième partie pour un cursus en management

Having explored the sharing economy through BCG's article "What's Next for the Sharing Economy?" and Leigh Gallagher's book The Airbnb Story *has convinced me that economies will continue to move away from ownership-driven models towards sharing service and subscription-based models. This is a result of shifting consumer preferences, a technology-led decline in transaction costs, and massive venture capital investments into such services. Traditional corporations must adapt their strategy to meet these changing preferences. For example, Ikea recently acquired TaskRabbit, a freelance marketplace for everyday tasks. This acquisition naturally complements Ikea's core business. I look forward to exploring the rationale behind strategic decisions made by corporations during my studies.*

Notre analyse : l'étudiant évoque ici son intérêt pour l'économie collaborative qu'il a développé à travers des recherches indépendantes (la lecture de plusieurs articles et d'un livre). Il mentionne ensuite plusieurs exemples et n'hésite pas à donner son point de vue à la fin du paragraphe et à préciser le type d'enjeux qu'il aimerait approfondir pendant ses études.

Exemple de deuxième partie pour un cursus en management

My Scientific baccalaureate has developed my analytical mind and mathematical proficiency. I applied these skills to key business topics, including financial accounting and corporate finance, by enrolling in Wharton's Business Foundations course on Coursera. Working in two stores in Lyon, I used concepts from the course to help the owner improve the stores' performance. For example, we reduced the number of brands from 15 to 10, to create strength through consistency rather than pursuing multiple diffuse objectives. In addition, we refocused on football accessories, a niche the stores already had a significant competitive advantage in, due to their prime location and strong reputation for this type of equipment. The strategy increased sales 25% year-on-year, and decreased costs 3.5% by negotiating supplier contracts.

Notre analyse : l'étudiante démontre ici la manière dont les matières étudiées au lycée et les cours en ligne qu'elle a suivis de façon indépendante vont lui permettre de réussir dans un cursus de management. Elle parvient ensuite à mettre en pratique des concepts théoriques de gestion acquis à travers une lecture et une expérience professionnelle, et montre le résultat qu'elle a ainsi pu obtenir. C'est exactement ce qu'il faut faire !

Exemple de deuxième partie pour un cursus en économie

Economics is appealing due to its combination of qualitative and quantitative analysis. My passion for maths will enable me to engage competently with the technical aspects of an Economics degree : in Year 10, I received first prize in a regional maths competition, and won the "Rallye Maths", a maths team problem solving competition. Eager to gain a solid grounding in finance, I enrolled in Yale's online Financial Markets course, which introduced topics such as asset pricing and financial crises. Using this knowledge, I began trading shares and currencies on the "Plus 500" application. Reading about the life of securities trader Jesse Livermore in Reminiscences of a Stock Operator, I learnt the importance of responding patiently to unexpected market behaviour.

Notre analyse : dans ce paragraphe, le candidat exprime à la fois ses motivations pour étudier l'économie, les compétences quantitatives qu'il a pu développer grâce aux mathématiques, mais aussi son intérêt pour la finance, illustré par le fait d'avoir suivi un cours en ligne, la pratique du trading et la lecture de la biographie d'un trader.

Exemple de deuxième partie pour un cursus en philosophie, politique et économie

The rise of right-wing nationalism illustrates why the combined study of Philosophy, Politics and Economics is crucial. Philosophically, nationalism represents an ideological rejection of liberal democracy. Politically, nationalist leaders use citizens' fears to gain power. Economically, globalization and technology drive voters towards protectionism. Mikhail Gorbachev's sympathy with the popular pro-democracy movement in East Germany in 1989 contrasts with President Donald Trump's recent endorsement of the popular anti-migrant and nationalist movement in Germany. This challenge to liberal democracy leads to Rachman's inevitable conclusion that the ideological alliances of Europe have shifted : once allied to promote democracy, nationalism and liberalism are now opposed. Thus, as a young European citizen, I want to investigate new solutions to the political questions posed into our democratic societies.

Notre analyse : au début de son paragraphe, l'étudiant démontre la pertinence de l'étude simultanée de la philosophie, de la politique et de l'économie. Il s'appuie ensuite sur la lecture d'un article pour tirer ses propres conclusions et montrer les objectifs qu'il cherche à atteindre en poursuivant ce cursus.

Exemple de deuxième partie pour un cursus de relations internationales

Exploring the Cuban Missile Crisis showed me the importance of engaging with historiography. Whilst traditional interpretations generally praised President Kennedy's blockade of the island nation, fellow revisionists convinced me that it irresponsibly risked nuclear war to influence domestic politics. Travelling to Cuba brought this all to life. I was surprised to see that many Cubans still have high esteem for Fidel Castro, which contrasted with the predominantly negative image of him I received in school. I read Volker Skierka's biography of Castro outside of class to better understand this positive take. His portrayal of Castro as leading his country to independence from US influence and giving his people national pride, whilst increasing literacy and improving living standards was compelling. I look forward to the chance to explore Castro's complex legacy and its geopolitical impact, both during the Cold War and today. My new understanding of Cuba shows that to know what is below the surface, learning from different perspectives and those who experienced events first-hand is essential.

Notre analyse : une fois encore, l'étudiante part de lectures et d'articles liés à des événements historiques pour offrir son interprétation personnelle. À travers ces exemples, elle montre également la pertinence d'étudier les deux matières constitutives de son cursus en parallèle.

Exemple de deuxième partie pour un cursus de science politique et relations internationales

Brown and Ainley's Understanding International Relations, *provided me with a solid introduction of the competing theories of international relations – realism, liberalism, constructivism. My interest in realism led me to Waltz's essay* Why Iran Should Get the Bomb. *While there is irony in the notion of acquiring nuclear bombs to preserve peace, it has empirical credibility. Pakistan and India have never engaged in a full-scale war; Israel has maintained its existence surrounded by hostile neighbors; and, as Mearsheimer has argued, Ukraine might have been spared Russian aggression if NATO had not convinced them to give up their nuclear stockpile.*

I found realism over-reliant on material factors, ignoring broader institutional, economic and ideological influences. In particular, constructivism, as argued for in Wendt's Anarchy Is What States Make of It, *points to the role of ideology and culture, and through reading Kant's* Perpetual Peace *I learned about Democratic Peace Theory. It seems apparent that while power politics might explain many of the international conflicts, deep-rooted ideological differences are pivotal to their onset and continuation. At university, I want to delve deeper into how people come to sacrifice their lives for these ideological differences.*

Notre analyse : l'étudiante démontre ici une connaissance approfondie de certains concepts de relations internationales et à travers ses nombreuses lectures, une curiosité pour cette matière qui va bien au-delà du cadre scolaire.

Exemple de deuxième partie pour un cursus en ingénierie

Going to the conference The Extraordinary Factory *in Milan showed me the importance of design in creating practical systems. For instance, seeing how metal foams are made and how well these new structures can sustain great compressive stress while being as much as 95% lighter than a full block gave me many ideas as to the ways they could be applied in the automotive and aeronautical industry. The foams that were showcased at the conference had very specific internal structures; these honeycomb and fibrous arrangements are found in nature in materials like wood or beehives, and I loved seeing how reproducing nature's architecture has helped mankind build better buildings, cars and planes. Reading* 50 Physics Ideas You Really Need to Know *from Joanne Baker raised my interest for the concept of entropy, which I thought was a strictly physics-related concept at first. I was very interested in the use of entropy in combustion reactors to help measure "useful work". Reading about the Stirling engine allowed me to understand entropy and its correlation with heat transfers. Further research helped me connect this concept with the expansion of the universe, and how the heat death of the universe is the terminal point at which all energy has been dispersed, all of which I found fascinating. I look forward to studying this concept more in-depth at university.*

Notre analyse : ici, l'étudiant décrit de manière précise et convaincante des aspects d'une exposition et de lectures qui l'ont particulièrement intéressé et parvient à les relier de manière pertinente au cursus auquel il candidate.

- **Activités extrascolaires (8-12 lignes)**

Les universités souhaitent aussi connaître les compétences que vous possédez et qui vous aideront dans vos études ou, plus généralement, dans votre vie à l'université. Vous pourrez dans cette section indiquer les réalisations dont vous êtes fier, vos activités et vos responsabilités scolaires ou associatives.

N'hésitez pas à indiquer les expériences professionnelles ou bénévoles, en particulier si elles sont liées avec le cursus que vous avez choisi.

Essayez de relier toute expérience aux compétences ou qualités liées au cours :

- Quels sont les trois hobbies ou activités que vous aimez le plus faire à la fois à l'école et pendant votre temps libre ? Avez-vous déjà eu des positions de responsabilité ?
- Avez-vous déjà participé à des projets ? Quelles compétences vous ont-ils permis de développer ?
- Quels voyages, stages ou projets personnels avez-vous déjà entrepris ?
- Avez-vous déjà reçu des prix ou participé à des concours ? Lesquels ?

Exemple de paragraphe sur les activités extrascolaires

Outside of school, I am particularly involved in the Scout Movement. Leading a four-week camping trip in the summer has allowed me to develop my problem solving skills. This involves trying to minimize the amount of wood needed whilst ensuring that tents will withstand strong wind. Thinking on my feet in these situations has given me confidence and motivation to use engineering to design solutions. I also enjoy playing club football and tennis and competing in tournaments. These activities have developed my ability to collaborate with others and manage my time effectively – vital skills for undertaking group research projects.

Exemple de paragraphe sur les activités extrascolaires

My role as class representative bolstered my leadership skills. Kouzes' and Posner's The Truth About Leadership taught me the importance of empathy and listening in fostering strong working relationships with those you lead. I apply this by dedicating time to every student before termly council meetings, to best defend their interests. Seeking to make an impact in my community, I created and managed a charity club called "Senior Junior" that gathers students and seniors to encourage the two groups to interact and help seniors use technology independently. A huge success, the club won First Prize among 30 charity projects.

Exemple de paragraphe sur les activités extrascolaires

Eager to share my passion for maths, I tutor students at my school and at a school for disadvantaged students. I also distribute meals at a soup kitchen. These experiences have enhanced my communication and teaching skills, which I hope to further develop at university. I regularly compete at the national level in skiing, football and tennis, strengthening my determination to succeed and my organizational skills. In Year 10, I studied in New Zealand for six months and volunteered at an Indonesian orphanage for eight weeks, pushing myself out of my comfort zone.

Notre analyse : dans ces trois cas, les étudiants parviennent à montrer que leurs expériences personnelles et activités leur ont permis de développer les qualités recherchées par le cursus visé – c'est exactement ce qu'il faut faire !

Exemple de paragraphe sur les activités extrascolaires

Outside of my studies, I have enjoyed being a member of Scouts for nine years. Being responsible for younger girls from varied backgrounds has developed my interpersonal skills and influenced my political views. In particular, Scouts engenders a strong appreciation for nature, which has strengthened my motivation to combat climate change. While nations can act individually to protect the environment, it is very much an issue that requires a concerted international effort. Seeing that the US has withdrawn from the Paris Agreement on economic grounds, regardless of the fact that long-term economic impacts outweigh any short-term gains, reveals the unpredictable nature of politics. In my future degree, I hope to understand more about how and why such historic decisions are made.

Notre analyse : ce paragraphe est consacré aux activités extrascolaires de l'étudiant. Chaque activité est présentée de manière précise (chiffrée, détaillée) et lui permet de démontrer les qualités ou compétences développées et qui sont particulièrement recherchées dans le cursus visé.

Exemple de paragraphe sur les activités extrascolaires

Outside of school, I regularly attend current affairs conferences, such as a recent lecture given by Courrier International *about how they choose articles from the international press to translate for their news magazine. Since last year, I have spent time volunteering in a hospital talking to the elderly; listening to their life stories has made me eager to further explore oral traditions.*

Notre analyse : l'étudiante parvient à créer un lien direct entre toutes les activités extrascolaires mentionnées et le cursus visé. C'est exactement ce qu'il faut faire ! Il est inutile de parler d'activités que vous n'arriverez pas à lier au cursus envisagé.

- **Conclusion (2-4 lignes)**

Cette dernière section vous donne l'opportunité de vous projeter dans l'avenir. Ici, vous pourrez par exemple expliquer la manière dont ce cursus universitaire va vous aider à vous développer sur le plan académique et personnel et à réaliser vos projets futurs. Encore une fois, l'accent doit surtout être mis sur la dimension académique !

Exemple de conclusion

I am eager to explore the clubs and societies that UK universities offer. I have studied in France, Canada and Ireland, experiences that developed my maturity and ability to adapt to new situations. With a strong appetite for challenges, a wide array of international experiences, and a scientific mind, I am certain I will make the most of a diverse learning environment.

Exemple de conclusion

By studying Management at a leading UK institution, I hope to contribute to the university community, further my academic and professional interests, and make my dream of becoming an entrepreneur a reality.

Exemple de conclusion

There will always be pressing issues at the domestic and international level that require analysis that only a holistic understanding of Philosophy, Politics and Economics can bring. I hope to be prepared for whatever those issues might be.

Exemple de conclusion
I am eager to study Engineering at a leading UK university. I sincerely hope to have the chance to learn in a new culture and use my dedication and work ethic to tackle complex mechanical, civil and technological problems.

Exemple de conclusion
I sincerely hope to be able to study Mathematics and Management at university. I am confident that these two complementary subjects will empower me to solve real-world problems and develop personally and professionally. I believe my academic abilities and extracurricular experiences will enable me to succeed on this course.

Exemple de conclusion
Neither history nor international relations alone can provide a comprehensive picture of the phenomena I am interested in. It is only by combining the two that I can begin to understand the complexities of the past; complexities that continue to inform our world today.
Notre analyse : dans ces exemples, les étudiants parviennent tous à résument leurs motivations pour rejoindre le cursus choisi et les objectifs qu'ils espèrent atteindre.

Rédiger un premier brouillon de *personal statement* sous forme de paragraphe

Pour celles et ceux qui préféreraient une approche plus visuelle : n'hésitez pas à faire du *mind mapping*. Pour ce faire, mettez sur une feuille toutes les expériences, activités, compétences, lectures, vidéos, cours que vous avez suivis ou thèmes que vous trouvez intéressants. Réfléchissez ensuite à la manière dont vous pouvez lier le cursus auquel vous candidatez à ces éléments. Surlignez ceux qui sont les plus significatifs et créez des liens entre ces éléments à l'aide de flèches, de couleurs et autres symboles.
Vous pouvez également utiliser l'outil UCAS (www.ucasdigital.com/widgets/personalstatement/index.html#/main) afin de vous aider à

rédiger votre premier brouillon de *personal statement* ou un outil similaire de Which? (www.which.co.uk/tools/personal-statement-builder).
Par ailleurs, vous trouverez de nombreux autres exemples de *personal statements* en ligne mais **soyez prudent** : rien ne garantit que ce sont de bons exemples !

Retravaillez cette première version de votre *statement*
À ce stade, vous devriez avoir rédigé une première version de votre *statement*. Félicitations ! N'hésitez pas à prendre au moins une journée de pause pour reprendre vos esprits avant de vous y remettre !
Vous pourriez aussi profiter de cette pause pour regarder d'autres vidéos sur YouTube, lire des articles académiques, des livres ou consulter des blogs liés à votre cursus afin d'incorporer ces nouveaux exemples dans la deuxième version de votre *statement*. Il ne suffit pas de mentionner un livre ou une référence, il sera attendu de votre part que vous puissiez en faire une analyse personnelle.
Une fois que vous vous sentirez prêt à attaquer la deuxième version, focalisez-vous sur la manière dont vous allez pouvoir à la fois enrichir et rendre votre *statement* plus intéressant à lire.

Posez vous la question suivante : comment pourriez-vous vous démarquer de milliers d'autres *statements* ?
N'hésitez pas à utiliser anecdotes, expériences et moments inspirants dans votre parcours !
Évitez de donner des exemples issus de votre enfance dans votre *personal statement* – cela peut sembler cliché.
Veillez aussi au maximum à éviter les répétitions, l'humour, certains mots ou expressions comme *always* ou *try* ou d'autres termes qui auraient tendance à minimiser vos propos ou expériences.

Retravaillez votre *statement* jusqu'à obtenir une version qui vous semble satisfaisante.
Après avoir intégré vos derniers changements, prenez du recul avant de vous replonger dans votre *statement*.

Il est maintenant temps de vous consacrer aux aspects stylistiques de votre *statement*. Relisez-le à voix haute en vous focalisant sur le style, le ton, l'orthographe et la grammaire.
En termes de style, dans la plupart des cas, votre *statement* ne contiendra pas de conclusion à proprement parler. De plus, résistez à la tentation de structurer votre *statement* selon un schéma formel ou d'utiliser un style trop pompeux. L'anglais que vous utilisez dans votre *statement* doit être standard – utiliser des mots que votre professeur d'anglais utiliserait en classe –, l'accent devra être davantage mis sur le contenu et sur sa capacité à démontrer qui vous êtes plutôt que sur sa structure. Privilégiez l'orthographe britannique plutôt qu'américain dans votre *statement*. Par exemple : optez pour realise (UK) plutôt que realize (US). Le plus important est d'être cohérent – n'utiliser que l'orthographe britannique ou américain.

Finaliser votre *statement*

Une fois que vous serez satisfait de votre *statement*, lisez-le à voix haute et si possible à plusieurs personnes de confiance (amis, famille ou professeurs) et observez leurs réactions : est-il convaincant ? Quelle impression donnez-vous de vous-même à travers ce *statement* ? Apparaissez-vous comme quelqu'un de passionné par son futur cursus ? Ouvert d'esprit, curieux, arrogant ? Mentionne-t-il suffisamment de références en lien avec vos futures études ?
Lorsque vous vous relisez, posez-vous la question suivante : « Mon *statement* démontre-t-il un véritable intérêt pour le programme que je souhaite suivre à l'université ou faut-il encore l'enrichir ? Est-il trop descriptif ? Laisse-t-il suffisamment de place à des analyses personnelles ? »
Puis demandez à plusieurs personnes de confiance de relire votre *statement* avec un regard critique ! Soyez ouvert aux conseils et suggestions des autres mais ne vous sentez pas obligé de tous les suivre si vous pensez qu'ils ne sont pas pertinents. Rappelez bien à ces personnes qu'il ne s'agit pas d'une lettre de motivation classique

mais d'un document à très forte dimension académique pour lequel les attentes sont très spécifiques.

Pensez bien à vérifier que la ponctuation, l'orthographe et la grammaire, et que votre *statement* respecte bien la limite de 47 lignes et 4 000 caractères (espaces incluses) sur un site comme : www.studential.com/applying/personal-statement-writing/length-checker
Donnez-vous au moins deux mois pour le rédiger, mais commencez à réfléchir aux ressources que vous allez utiliser, aux expériences et aux stages que vous devrez réaliser bien en amont (jusqu'à un ou deux ans avant). Rappelez-vous que pour certains cursus, les universités reçoivent des milliers de candidature et votre *personal statement* devra donc vous permettre de vous distinguer des autres !

Lorcan, étudiant à l'université de Cambridge raconte le processus de rédaction de son *personal statement* pour un bachelor en histoire :
« *Au cours de l'été avant mon année de terminale, la rédaction de mon* personal statement *a été un moment décisif dans la constitution de mon dossier : les universités d'Oxford et Cambridge attendent en effet un* statement *d'exception. 80 % du* personal statement *doit être consacré à vos centre d'intérêt académiques et à vos expériences liées à la matière que vous envisagez d'étudier. Bien qu'il puisse être tentant de parler de vos expériences professionnelles et des prix ou médailles que vous auriez obtenus, votre* statement *doit en réalité être le plus possible axé sur le cursus auquel vous souhaitez postuler et rester très académique. Il est fondamental de démontrer un fort intérêt et une grande curiosité pour la matière que vous souhaitez étudier.*
Ainsi, afin de montrer ma passion pour l'histoire, je suis allé à plusieurs conférences universitaires à Londres et j'ai lu de nombreux ouvrages d'histoire. Par exemple, j'ai lu la biographie de Mao Zedong, Mao – L'histoire inconnue, *de l'écrivain Jung Chang. Dans son livre, cette dernière décrit le régime de Mao comme diabolique et soutient que ce dernier a endommagé la Chine pour toujours. Bien que cela soit vrai à de nombreux égards, l'historienne a passé sous silence certaines réalisations économiques ou en matière de défense apparues*

sous le régime de Mao. Je me suis donc mis en quête d'articles qui permettraient de nuancer les propos énoncés dans son livre. J'ai alors recherché des articles issus de revues universitaires afin de tirer mes propres conclusions sur l'héritage de Mao. J'ai ainsi pu partager cette expérience dans mon personal statement. »

Tout comme Lorcan, n'hésitez pas à exprimer votre point de vue, à montrer votre esprit critique par rapport aux lectures mentionnées dans votre *statement*, et à rechercher des articles académiques permettant de nuancer ou remettre en question certaines idées ou propos.

2| CANDIDATER À OXFORD OU CAMBRIDGE : QUE FAUT-IL SAVOIR ?

Les universités d'Oxford et de Cambridge comptent parmi les plus anciennes et prestigieuses au monde. Parmi les anciens élèves figurent d'illustres personnalités telles que J. R. R. Tolkien, Isaac Newton, Charles Darwin, Emma Thompson, Alan Turing ou encore Stephen Hawking.
Cambridge et Oxford partagent de nombreuses traditions, ce qui explique pourquoi on les associe fréquemment par le terme *Oxbridge*. Ce sont également les deux universités les plus sélectives du Royaume-Uni. Pour avoir une chance d'y être admis, il faut obtenir une mention très bien au bac et avoir un excellent niveau d'anglais. De plus, au moment de votre candidature vous devrez choisir entre Oxford ou Cambridge et ne pourrez pas candidater aux deux.
Les étudiants d'Oxford et Cambridge sont accueillis dans des lieux d'habitation et de vie étudiante, mieux connu sous le nom de *college* et dotés chacun d'un caractère propre et répartis autour de la ville. Les *colleges* offrent aux étudiants un espace de vie, un lieu où partager des repas avec d'autres étudiants, se détendre et, bien sûr, étudier.
Au niveau du bachelor, les cursus proposés sont très variés. Ils comprennent aussi bien des cursus scientifiques tels que la médecine, les sciences naturelles, la physique, la chimie, l'informatique ou encore les mathématiques que des programmes de sciences sociales, de droit, de philosophie, de littérature ou encore de langues.
La plupart des cursus au niveau du bachelor durent généralement trois ou quatre ans. Chaque année à Oxford et Cambridge est composée de trois trimestres qui ne durent que huit semaines. Ces périodes sont donc très intenses du point de vue académique avec des rendus hebdomadaires nécessitant un travail personnel important.

Qu'est-ce que le tutorat ?

En plus des cours, les universités d'Oxford et de Cambridge proposent une méthode d'enseignement originale : il s'agit du tutorat (*tutorials* à

Oxford, *supervisions* à Cambridge), des cours à effectifs très réduits (entre une et cinq personnes en général) conduits par des professeurs de l'université. Oxford et Cambridge sont les seules universités britanniques à offrir ce système qui permet chaque semaine d'approfondir certaines questions et d'échanger avec un expert du sujet étudié en tête à tête. Toutefois, cela peut également être une source de pression pour les étudiants car cela exige d'arriver à son tutorat parfaitement préparé à échanger et à répondre aux questions du professeur.

Quel est le profil des étudiants à Oxford ou Cambridge ?

Du fait de la très grande sélectivité de ces universités, il est recommandé d'y candidater uniquement si vous pouvez justifier d'excellents résultats académiques et êtes assurés d'obtenir une mention très bien au baccalauréat. Il faudra aussi pouvoir démontrer une véritable passion pour la matière que vous envisagez d'étudier, qui va bien au-delà du cadre scolaire.

De plus, étant donné que le processus de sélection comporte des entretiens, vous devrez justifier d'une excellente maîtrise de la langue anglaise pour pouvoir défendre vos idées en anglais.

Si vous êtes convaincu que vous correspondez au profil recherché, demandez-vous également si la charge de travail et le système de tutorat vous conviendraient ou si vous recherchez davantage d'autonomie dans votre travail.

Comment choisir entre Oxford ou Cambridge ?

Choisir entre Oxford et Cambridge est plutôt une question de préférence personnelle : la ville d'Oxford plus grande, celle de Cambridge, plus petite. De plus, bien que beaucoup de cursus soient communs aux deux universités, certains programmes ne sont proposés que dans l'une des deux universités : *Philosophy, Politics and Economics* (PPE) et *Economics and Management* à Oxford ou *Human, Social and Political Sciences, Land Economy, Natural Sciences* et *Architecture* à Cambridge par exemple.

Lorcan, étudiant à Cambridge nous explique pourquoi il a choisi Cambridge plutôt qu'Oxford : « *J'ai été assez rapidement attiré par le cursus d'histoire proposé à Cambridge en bachelor car il offre une très grande flexibilité et la possibilité de choisir la grande majorité de nos cours. En outre, Cambridge est légèrement plus petit – Oxford ressemble plus à une ville, Cambridge, davantage à un village. Ayant grandi à Londres, je souhaitais vraiment échapper à la ville. Quand je vais faire un jogging à Cambridge le matin, je peux me retrouver dans les champs en 10 minutes. Bien que certaines personnes préfèrent Oxford, en histoire, il n'y a à Cambridge qu'un cours obligatoire intitulé "Argument historique et pratique". Ce cours théorique porte essentiellement sur la manière dont l'histoire a été écrite dans le passé et dont elle sera écrite à l'avenir. En dehors de ce cours obligatoire, vous pourrez choisir et suivre tous les cours qui vous intéressent.* »

Quel est le processus pour candidater à Oxford ou Cambridge ?

Le processus de candidature à *Oxbridge* se décompose en plusieurs étapes clés :

- choisir un *college* et déposer une candidature sur UCAS avant le 15 octobre ;
- s'inscrire au test requis avant le 15 octobre et le passer fin octobre ou début novembre ;
- en cas d'admissibilité, se rendre à Oxford ou Cambridge en décembre pour passer l'entretien d'admission ;
- recevoir une offre conditionnelle d'admission au mois de janvier.

Choisir un *college* et déposer une candidature sur UCAS avant le 15 octobre

Vous devrez tout d'abord soumettre votre dossier de candidature sur UCAS avant le 15 octobre de votre année de terminale. Pour ce faire, vous devrez d'abord choisir entre Oxford et Cambridge, puis votre *college* au sein de l'université choisi. Il existe 39 *colleges* à Oxford et 31 à Cambridge, qui ont tous une taille, un style et une situation géographique différents. Choisir son *college* est une décision importante car ce dernier représentera le socle de votre vie quotidienne et de vos activités sociales et académiques.

Pour choisir votre *college*, vous pouvez envisager différents critères tels que sa taille, sa situation géographique dans la ville, sa proximité par rapport à votre faculté, son style architectural, la possibilité de résider dans le *college* pour la durée entière du cursus ou encore les sujets de recherche des professeurs qui y sont rattachés.

Toutefois, même s'il s'agit d'une décision importante, beaucoup d'étudiants se voient attribuer un *college* qu'ils n'avaient pas initialement choisi et y sont très heureux malgré tout ! Il est également possible de faire une *open application* (dans laquelle vous n'indiquez pas de *college* en particulier), même s'il est souvent préférable de choisir.

Lorcan, étudiant à Selwyn College à Cambridge, nous explique la manière dont il a choisi son *college* à Cambridge : « *Lorsque j'ai visité Cambridge lors de la journée portes ouvertes, j'ai vraiment apprécié l'atmosphère à Selwyn College. J'ai senti que je pouvais me projeter dans ce lieu et m'y sentir à l'aise. D'autres personnes vont davantage regarder les professeurs d'histoire dans leur* college *et choisissent en fonction de cela, ou se demandent simplement si elles se voient y étudier. Certains étudiants en chimie ont choisi Selwyn car le directeur du département de chimie de Cambridge y était basé. Certains choisissent aussi leur* college *de manière stratégique, mais pour être parfaitement honnête, les statistiques changent d'année en année. L'année où j'ai postulé, Selwyn acceptait un candidat sur cinq en histoire, mais cela varie beaucoup d'une année à l'autre. Il n'y a pas de règle absolue et je recommande plutôt d'éviter les statistiques. Certaines personnes que je connais qui ont choisi leur* college *sur la base des statistiques n'ont pas été admises. Toutefois, il est vrai que des* colleges *comme Trinity et Saint John's choisissent souvent des candidats avec un profil particulier. Par exemple, Saint John's accueille beaucoup d'étudiants issus de lycées privés comme Eton ou Winchester. Toutefois, cela est une exception plutôt qu'une règle et* *leur admission est davantage basée sur leurs capacités académiques. La seule exception à cette règle est le cursus de mathématiques à Trinity car il s'agit du plus demandé et sélectif de toute l'université. En ce qui concerne Selwyn, certains candidats y avaient postulé directement tandis que d'autres ont fait l'objet de la procédure de* pooling *(transfert). En effet, environ 20 % des candidats de Cambridge se retrouvent* pooled *(transférés) dans un autre* college *que celui auquel ils avaient initialement postulé. Contrairement à Oxford où le* pooling *a lieu le même jour que l'entretien dans le* college *d'origine, les étudiants de Cambridge qui sont* pooled *doivent soit revenir pour un autre entretien quelques semaines plus tard, ou sont transférés et acceptés dans un autre* college *sans avoir à revenir : un de mes amis a par exemple postulé à Saint John's et été accepté à Selwyn sans avoir à passer d'autre entretien. De plus, la grande majorité des* colleges *d'Oxford et Cambridge vous garantissent un logement pendant toute la durée de votre premier cycle (ou au moins deux années sur trois).* »

Arnault, diplômé d'Oxford, indique : « *Chaque* college *possède sa propre personnalité. Par exemple, certains* colleges *(comme Saint Peter's College) acceptent plus d'élèves internationaux. Quelques* colleges *ont aussi une orientation politique. Par exemple, Christ Church est réputé comme étant plutôt conservateur, tandis que Wadham est considéré comme étant plus libéral. Néanmoins, les différences ne sont pas fondamentales, et la plupart des* colleges *partagent un mode de fonctionnement assez similaire.* »

S'inscrire et passer un test d'admission pour Oxbridge

Une fois votre dossier envoyé, vous devrez également vous inscrire et passer un test d'admission spécifique à votre cursus. Ainsi, pour la majorité des programmes à Oxford, il vous sera demandé de passer un test spécifique à la matière que vous souhaitez étudier comme le TSA (*Thinking Skills Assessment*) pour les sciences sociales et la psychologie expérimentale ou encore le MAT (*Mathematics Admissions Test*), le LNAT (*Law National Aptitude Test*) pour le droit, le HAT (*History Aptitude Test*) pour l'histoire, et bien d'autres encore.

À Cambridge, pour les cursus *Chemical Engineering*, *Computer Science*, *Economics*, *Engineering*, *English*, *Land Economy*, *Medicine*, *Natural Sciences* et *Veterinary Medicine*, vous devrez aussi passer un test (*pre-interview assessment*) autour du 4 novembre de votre année de terminale dans un centre agréé.

De plus, pour les cursus *Archaeology*, *Architecture*, *Classics*, *History and Modern Languages*, *History of Art*, *Law*, *Linguistics*, *Modern and Medieval Languages* (MML), *Philosophy and Theology*, *Religion*, ou encore *Philosophy of Religion* et dans certains *colleges* pour des cursus comme *Geography*, *History*, *History and Politics*, *Human, Social and Political Sciences*, *Mathematics*, *Music* ou *Psychological and Behavioural Sciences*, il vous sera aussi demandé de passer un test spécifique (*at-interview assessment*) sur place avant votre entretien au mois de décembre.

Pour tous les tests d'Oxford ou Cambridge que vous devrez passer avant votre entretien, la date limite d'inscription est le 15 octobre de votre année de terminale. Il existe plusieurs centres agréés pour passer ces tests en France.

Pour plus d'informations sur l'examen à passer et pour consulter des exemples de tests, n'hésitez pas à consulter les pages dédiées sur les sites d'Oxford ou Cambridge.

Entretiens de sélection

Si, à l'issue de l'évaluation de votre dossier et de votre candidature, vous êtes admissible à Oxford ou Cambridge, vous pourrez alors être sélectionné pour passer un entretien au mois de décembre. Ces entretiens requièrent une excellente maîtrise de l'anglais et viseront à évaluer votre potentiel académique et votre intérêt pour le cursus envisagé à travers des questions et exercices.

Le jury va à la fois s'intéresser à votre manière de réfléchir et chercher à s'assurer que vous serez un étudiant agréable pendant les tutorats du fait de vos capacités de raisonnement et votre curiosité. L'entretien peut également servir à revenir sur certains points de votre *personal statement* et à évaluer votre capacité à réagir à des questions ou idées nouvelles. Ces entretiens sont très exigeants et demandent une préparation et un entraînement particulièrement approfondis. Il existe de nombreuses ressources et exemples de questions pour vous aider en ligne.

Arnault décrit ses entretiens pour intégrer un cursus d'histoire à l'université d'Oxford : « *J'ai dû passer deux séries d'entretiens : deux à University College puis deux autres à Saint Peter's College. L'un des entretiens portait sur l'analyse de textes historiques, et plus généralement sur l'histoire en tant que discipline, ainsi que sur les méthodes d'analyse historique.*
De par ma nationalité, j'ai également eu des questions sur l'histoire de France et sur la politique française. Les professeurs m'ont aussi posé plusieurs questions sur les origines de la Guerre froide, en lien avec la dissertation que j'avais envoyée dans mon dossier de candidature.
Le programme du baccalauréat international m'avait déjà bien préparé pour les entretiens.
J'avais également été coaché par mon école bilingue et j'avais régulièrement lu la revue britannique The Economist *afin d'être bien informé sur l'actualité. Pour préparer un entretien d'Oxbridge en lien avec les sciences sociales, il est très fortement recommandé de lire* The Economist *toutes les semaines !*
Je pense qu'il y a toujours un facteur chance. La réussite de l'entretien dépend non seulement du niveau de préparation, mais aussi souvent du type de questions posées et de la manière dont on s'entend avec son interlocuteur.
Les entretiens étaient difficiles. La plupart des questions étaient focalisées sur le cursus d'histoire que je suivais au lycée. Les entretiens sont souvent aussi une manière pour les professeurs d'entrevoir la personnalité des candidats. Pour Oxford et Cambridge, ils sont un facteur déterminant dans le processus d'admission. J'ai mieux réussi les deux entretiens à Saint Peter's College où j'ai finalement été admis. J'ai tendance à progresser rapidement avec la pratique et après les deux

premiers entretiens à University College, j'étais mieux préparé. J'avais plus confiance en allant aux entretiens de Saint Peter's. Ces entretiens peuvent s'avérer difficile pour une personne timide. Ils visent aussi à évaluer la compatibilité du candidat avec le système d'enseignement et de tutorat unique à Oxford et à Cambridge.
Il y avait deux ou trois membres dans chaque jury lors des entretiens. Pendant le premier entretien, un professeur de Saint Peter's College m'avait déjà repéré. »

L'offre conditionnelle d'admission

Enfin, si vous réussissez la dernière étape des entretiens, vous recevrez alors une offre conditionnelle d'admission à Oxford ou Cambridge au mois de janvier. Cela signifie que vous serez définitivement admis si vous obtenez les résultats demandés au baccalauréat (le plus souvent 16/20 et une mention très bien au baccalauréat français) et à un examen d'anglais standardisé (7,5 à l'IELTS par exemple).

Quand commencer sa préparation ?

Afin de maximiser vos chances de réussite, il est vivement conseillé de commencer à vous préparer pour *Oxbridge* dès la fin de la seconde ou dès le début de la classe de première. N'hésitez pas à commencer le plus tôt possible à lire et à réfléchir en anglais aux thèmes qui vous intéressent et à préparer les différents tests afin d'être prêt avant le 15 octobre de votre année de terminale.

Est-il possible de visiter les campus d'Oxford et Cambridge ?

Les journées portes ouvertes d'Oxford ont généralement lieu autour des 3 et 4 juillet et 20 septembre et pour Cambridge autour des 4 et 5 juillet.
N'hésitez pas à visiter les sites des deux universités pour vérifier les dates des *open days* et vous y inscrire.

3| PRÉPARER SON DOSSIER DE CANDIDATURE EN BACHELOR AUX ÉTATS-UNIS (COMMON APP)

Vous envisagez de candidater en bachelor aux États-Unis ? Suivez nos conseils pour comprendre les démarches à suivre !

Early decision, early action ou regular decision ?

Lorsque vous candidatez dans des universités aux États-Unis, vous aurez la possibilité d'envoyer votre dossier par une procédure que l'on appelle *early decision* ou *early action* avant le 1er novembre. L'avantage de postuler de cette manière est que cela permet d'obtenir une réponse définitive d'admission autour du 15 décembre.
Si vous candidatez en *early decision* et que vous êtes admis, vous devrez alors renoncer à tous vos autres choix et vous engager à vous inscrire dans l'université qui vous a fait cette offre. N'optez donc pour cette procédure que s'il s'agit vraiment de votre premier choix !
En *early action*, vous recevez aussi votre réponse d'admission autour du 15 décembre mais aurez la possibilité d'attendre d'avoir reçu vos autres réponses pour vous décider.
Candidater en *regular decision* vous permettra d'avoir plus de temps pour constituer votre dossier car la date limite pour cette procédure est généralement fixée au 1er janvier. Toutefois, vous devrez attendre plus longtemps pour obtenir votre réponse !

Quel est le processus pour candidater *via* la Common Application

Créée en 1975, la Common Application (ou Common App) a pour principal objectif de faciliter et de standardiser le processus de candidature au sein des universités américaines. À travers cette plateforme équivalente de notre Parcoursup, vous pourrez postuler dans la majorité des universités américaines (sauf notamment aux universités de Californie pour lesquelles il faudra utiliser la plateforme UC Application, et à l'université de Georgetown).

Vous trouverez ci-dessous notre guide étape par étape pour candidater *via* la Common App. Pour plus d'informations, le site Common App propose de nombreuses vidéos et ressources pour vous aider à remplir votre candidature.

Pour plus d'informations
Le site de la Commission Fulbright propose également des documents et ressources pour vous accompagner dans vos démarches : www.fulbright.org.uk/media/1044/common_application_school_forms.pdf.

1re étape – Rassembler les documents nécessaires

Pensez à collecter l'ensemble des informations qui seront nécessaires à votre dossier de candidature avant de démarrer votre inscription sur Common App. Vous gagnerez ainsi du temps en évitant de devoir vous interrompre systématiquement pour partir à la recherche de données ou pièces manquantes.
Il vous faudra :

- une copie de tous vos bulletins scolaires depuis la classe de troisième (troisième, seconde, première et terminale) traduits et convertis (*transcript evaluation*) par un organisme officiel membre des associations NACES (*National Association of Credential Evaluation Services*) ou AICE (*Association of International Credential Evaluators*) tel qu'*International Education Research Foundation, Inc.* (IERF), *Academic Evaluation Services* (AES), *World Education Service* (WES) ou encore *Educational Credential Evaluators* (ECE) ;
- une liste de vos activités extrascolaires, et éventuellement de vos expériences professionnelles (jobs d'été par exemple) ou activités associatives/expériences de bénévolat ;
- votre score à un test standardisé type SAT ou ACT, et dans certains cas aux *SAT Subject Tests* également, ainsi que vos résultats à un examen d'anglais comme le TOEFL ou l'IELTS ;
  - chaque université ayant ses propres exigences en matière de résultat, il est important de connaître les attentes des universités auxquelles vous candidatez avant de débuter sur Common App. Les sites des universités indiquent généralement le score moyen au

SAT ou ACT des étudiants admis ainsi que le score minimum exigé à un examen d'anglais comme l'IELTS ou le TOEFL ;
- vous devrez faire parvenir votre score au SAT/ACT et à l'IELTS/TOEFL avant la date limite de candidature (1er novembre ou 1er janvier généralement). Prévoyez donc de faire cette démarche directement sur les sites des tests au minimum deux semaines avant la date limite ;

- une lettre d'un directeur du lycée et deux lettres de recommandation de vos professeurs en anglais ;
- votre *essay* de Common App ainsi que vos *essays et questions* supplémentaires (*supplemental essays* selon les universités demandées).

2e étape – Créer un compte

Il ne vous faudra que quelques minutes pour créer votre espace personnel sur Common App.

- Si vous postulez pour la première fois, sélectionnez « Étudiant de première année ».
- Inscrivez une adresse mail que vous consultez régulièrement car c'est par ce biais que les universités vous contacteront.
- Choisissez un mot de passe.
- Complétez l'ensemble des informations qui vous sont demandées (nom, prénom, date de naissance, adresse, numéro de téléphone etc.). Assurez-vous de fournir des données conformes à ce qui figure sur votre passeport ou votre acte de naissance.
- Pour le type de visa demandé (*intended US visa*), vous devrez indiquer *F-1 student*.
- Il ne vous reste plus qu'à accepter la politique de confidentialité de Common App et à valider votre inscription en cliquant sur le bouton *Create account* pour finaliser la création de votre espace personnel.

3e étape – Établir votre liste de vœux

Une fois votre compte créé, vous pourrez entrer dans le vif du sujet ! Sélectionnez les universités au sein desquelles vous souhaitez postuler.

Vous pouvez entrer directement le nom du *college* ou de l'université que vous voulez solliciter ou affiner votre recherche selon un certain nombre de critères (localisation géographique, frais d'inscription, score exigé à un test standardisé etc.). L'application Common App vous permet de sélectionner jusqu'à vingt universités et vous laisse la possibilité de modifier votre liste à tout moment.

4e étape – Obtenir une (ou plusieurs) lettre(s) de recommandation

Certaines universités exigent des candidats plusieurs lettres de recommandation (généralement une du proviseur ou du proviseur adjoint de votre lycée, et deux lettres de professeurs) afin de cerner plus précisément votre profil. Dans certains cas, ces documents peuvent également émaner d'une personne (coach sportif, mentor ou encore guide spirituel) vous connaissant suffisamment pour donner davantage d'informations au jury sur vos qualités et compétences.

Vous pouvez solliciter vos enseignants en leur envoyant une invitation *via* la plateforme Common App. Il vous faudra pour cela renseigner leur nom ainsi que leur adresse mail. Vous pouvez également contacter directement vos professeurs et obtenir une lettre de recommandation sur papier. Il est généralement recommandé d'obtenir des lettres de recommandation de professeurs de vos matières principales (comme les mathématiques, les sciences, l'histoire-géographie ou encore les langues) et susceptibles d'écrire une lettre très positive. La lettre de votre proviseur (ou proviseur adjoint) permettra de donner une vue d'ensemble de votre lycée et de vos performances académiques par rapport aux autres étudiants de la promotion.

Il est important de donner un maximum d'informations aux référents sur les universités visées, les qualités recherchées par ces dernières et votre CV avec des exemples de vos projets scolaires et extrascolaires. Vous pourrez également leur transmettre d'éventuels exemples de lettres de recommandation réussies.

5e étape – Comprendre le processus d'inscription des différentes universités

Chaque université a ses propres critères en matière d'admission : les *deadlines*, frais d'inscription, tests d'admission ou encore documents à fournir peuvent varier.
Vous pouvez obtenir ces informations sur le site Common App, en consultant la page *Explore college*, ou en cliquant sur l'onglet *My college*. Vous pouvez également vous référer au *Requirements Guide* qui répertorie l'ensemble des *colleges* qui utilisent Common App et indique les conditions d'admission de chaque université. N'hésitez pas à vous rendre directement sur les sites des universités pour plus d'informations.

6e étape – Rédiger un ou plusieurs *essays*

C'est probablement l'exercice le plus difficile auquel vous serez confronté au cours de votre démarche de candidature *via* Common App. Pourtant, avec de la créativité, de l'organisation et de la concentration, vous pourrez rédiger un *essay* réussi.
Dans un premier temps, dans la rubrique *Writing*, vous devrez sélectionner un sujet que vous souhaitez traiter, parmi les sept options proposées. Prenez le temps de lire attentivement chacun des thèmes suggérés pour être certain de faire le bon choix. Il vous faudra rédiger entre 250 et 600 mots répondant de manière personnelle au sujet sélectionné.
1. Some students have a background, identity, interest, or talent that is so meaningful they believe their application would be incomplete without it. If this sounds like you, then please share your story.
2. The lessons we take from obstacles we encounter can be fundamental to later success. Recount a time when you faced a challenge, setback, or failure. How did it affect you, and what did you learn from the experience?
3. Reflect on a time when you questioned or challenged a belief or idea. What prompted your thinking? What was the outcome?

4. Describe a problem you've solved or a problem you'd like to solve. It can be an intellectual challenge, a research query, an ethical dilemma – anything that is of personal importance, no matter the scale. Explain its significance to you and what steps you took or could be taken to identify a solution.
5. Discuss an accomplishment, event, or realization that sparked a period of personal growth and a new understanding of yourself or others.
6. Describe a topic, idea, or concept you find so engaging that it makes you lose all track of time. Why does it captivate you? What or who do you turn to when you want to learn more?
7. Share an essay on any topic of your choice. It can be one you've already written, one that responds to a different prompt, or one of your own design.

Précisions que certaines universités peuvent exiger d'autres *essays* (*supplemental essays*) ou questions courtes (*short answer questions*) afin de mieux vous connaître.
Par exemple, pour Stanford vous devrez également répondre à toutes les questions suivantes :

- *Briefly elaborate on one of your extracurricular activities or work experiences. (150 words)*
- *What is the most significant challenge that society faces today? (50 words)*
- *How did you spend your last two summers? (50 words)*
- *What historical moment or event do you wish you could have witnessed? (50 words)*
- *What five words best describe you? (10 words)*
- *When the choice is yours, what do you read, listen to, or watch? (50 words)*
- *Name one thing you are looking forward to experiencing at Stanford. (50 words)*
- *Imagine you had an extra hour in the day – how would you spend that time? (50 words)*

- *The Stanford community is deeply curious and driven to learn in and out of the classroom. Reflect on an idea or experience that makes you genuinely excited about learning. (250 words)*
- *Virtually all of Stanford's undergraduates live on campus. Write a note to your future roommate that reveals something about you or that will help your roommate – and us – know you better. (250 words)*
- *Tell us about something that is meaningful to you and why. (250 words)*

7e étape – Finaliser votre candidature

Vous venez de franchir l'ensemble des différentes étapes d'inscription sur Common App. Il ne vous reste qu'à vérifier l'exactitude des informations fournies et à valider votre candidature. Cette dernière étape s'accompagne également du paiement des frais d'inscription. Le montant dû variera donc en fonction des universités sélectionnées – entre 70 et 100 $ en moyenne par dossier (65 € et 93 €, sauf exception). N'hésitez pas à consulter le *Requirements Guide* pour connaître les dates limites, frais d'inscription et politiques d'admission de chacune des universités répertoriées.

Par ailleurs, en tant qu'étudiant international, vous devrez également remplir le CFIS (*Certification of Finances for International Students*) et obtenir une lettre de votre banque indiquant que vous disposez de moyens suffisants pour vous acquitter des frais de scolarité.

Votre inscription est terminée. Il ne vous reste plus qu'à attendre les réponses des établissements au sein desquels vous avez postulé.

Exemples d'*essays* pour les États-Unis

Comme vous allez le voir à travers ces exemples, écrire un *essay* pour les universités américaines est un processus très différent d'un *personal statement* pour UCAS ou d'une lettre de motivation classique. Il s'agit de raconter une histoire personnelle qui démontre certaines de vos valeurs fondamentales !
Avant d'aborder votre *essay* pour les États-Unis, il est donc important de réfléchir aux valeurs fondamentales qui vous définissent et aux expériences qui ont été particulièrement marquantes dans votre parcours.

Exemple 1

Turning off my computer screen, I stood frozen in front of my desk. I was still processing what happened; one year of hard work had just disappeared. Vanished. This is a picture of 15-year-old me at quite possibly one of the lowest points in my young life. While a six-minute of animated video may not seem like much at first, what I had inadvertently destroyed in the blink of an eye, was equal to about 2 years of YouTube tutorials, painstaking filming and editing, screenwriting and rewriting and one nearly completed film.
I first became interested in film at the age of 11, when I saw the movie Red Beard *by Akira Kurosawa. It changed my view of cinema, as it was the first time I realized the importance of lighting in movie-making. It was fascinating to see how lights could change a film as a whole. Because I wanted to know more about filming techniques, I dug for more information, in books and online. My research eventually led me to work on personal projects that helped me acquire fundamental knowledge in directing.*
I then decided to practice filmmaking through animation, which I have now been studying for about four years.
However, having to deal with a full load of classes during my high school years meant that all of this, of course, was neatly tucked away into evenings and weekends and an occasional crazed morning when I felt particularly inspired.
What appeals to me about filmmaking is delivering stories alongside strong visuals people have never seen before. There is something

empowering about being able to take an idea and broadcast it in full color to a captive audience. For me, it means about 3 to 4 years in my YouTube community with whom I share ideas and from whom I learn countless new skills. For instance, this very community provided me support, whether by giving advice, finding voice actors, helping in the making of visual effects or by simply giving moral support.

With animation, possibilities are limitless. Create a huge crowd cheering for the return of its king, did it. Show the protagonist climbing a giant cliff in order to find an ancestral plant which will grant him superpowers, possible. Making him jump off a cliff in order to escape an explosion or genuinely watching over a technologically advanced city, also doable. Save six minutes of animated footage from being deleted, clearly, I still have plenty of things to learn.

In the face of seeing 24 months of my life blown away like my short film's protagonist should have been, I decided that giving up was in fact not an option. In many ways, we could call this my superhero moment. Putting superhuman activity to the side, my best option was to start over, which is exactly what I did, but this time with an external hard drive placed comfortingly next to my computer.

Growing up in a half Japanese household, commitment has always been upheld in our family, as a matter of fact, my grandfather dedicated a huge part of his life in order to succeed and thrive as a full time painter, as for my father, he worked his way up in a quite considerable international company. Now it is my chance to shine and to show that I, too, understand what follow through and consistency are all about. I became keenly aware that this very knowledge was not something I had learned at school, like History, English, Art or philosophy. Although I have always been educated in French schools whether in France, Japan, Germany or Singapore, some of my most innate values are, nonetheless, Japanese.

Notre analyse de cet *essay* : l'étudiant part ici d'une expérience personnelle : le fait d'avoir perdu son travail de très longue haleine pour réaliser un film. Par cet exemple, il illustre à la fois des valeurs comme le travail et la persévérance et sa passion pour le cinéma, ses influences, ses inspirations. Dans la seconde partie de son *essay*, il montre aussi sa détermination : il ne renonce pas à son projet et redémarre à zéro en tenant compte des erreurs qu'il a pu faire la première fois, ce qui illustre sa capacité à se remettre en question et à apprendre de ses erreurs. Il aborde enfin une dernière dimension de son identité, sa double nationalité franco-japonaise, et la valeur forte d'engagement que cela lui a inculqué.

Exemple 2

Thump Thump. I sit down on the leather bench. Three turns forward. Too high. Two turns backward. Too low. One turn forward. Perfect. As I take a long and deep breath, I wipe the sweat from my ice cold hands on my jeans. My right foot reaches the sustain pedal. Silence. I can feel the judges' eyes piercing me. I place my hands on the keyboard, waiting for the worst to happen. Total blank. I can not find my first note. Again.

A few months earlier, at my Christmas piano recital, I had forgotten my notes for the first time ever. To a 14-year-old me, messing up at a performance of Frédéric Chopin's Nocturne in D-flat major for my piano teacher, my parents, and a dozen students, might as well have been my failed debut at Carnegie Hall for thousands of concert goers! I had not only embarrassed myself in front of people that believed in me but more importantly, I had failed to reach my own expectations. That night, what was supposed to be a festive and joyful moment of music and sharing became a traumatic experience. I remember crying my heart out on the way back home. From then on, I started losing interest in performing and practicing piano. Every time I sat on the bench, I was faced with what seemed like a chore. I would barely touch the pieces that were given to me, and the fear I felt before piano exams and recitals caused me to repeatedly forget my notes or do less than my best. It became a vicious circle. I had convinced myself that I had always had a problem with memorizing and that nothing could be done. I might as well find a new hobby, I thought.

As we were moving into a new apartment, I, unexpectedly, came across a scrapbook that my mom had made, labeled 'Piano'. Faded pictures revealed fond memories : two-year-old me gleefully banging on a keyboard, my first ever piano performance at the Paris City Hall and the prestigious Salle Pleyel, me playing at retirement homes, my first awards, and musical scores of my self-composed songs. Where had my passion and confidence gone? Even though I was never really scared

of the stage as a kid, I still felt stressed before every performance. However, I had always managed to turn that anxiety into a motivating, positive energy. I realized that I had set barriers to my own success, and I wanted to knock them down.
I won't deny that it was hard to practice again and that progress was not instantaneous. I tried to stick to a two-hour routine, even if it meant waking up at 5 or going to bed at 1. Gradually, I regained the skills that had become rusty, and my fingers felt stronger as I improved. I became less reluctant at the idea of playing by heart. I repeated my teacher's words, "Be 200% prepared so that if you ever mess up, you still have 100% left". It had been easy to make excuses for my failures, but it took daringness for me to face them and admit that mistakes don't define me. Ultimately, it may have felt like a punch in the gut, but the type of punch that woke me up, cleared my mind and helped me realize that I had had what it takes all along.
Thump thump. A year later, as I walked into the exact same room to take the end-of-cycle examination, I could still feel my heart pounding like a full symphony. This time, after taking a seat, I closed my eyes and remembered the carefree pleasure of playing as a child. I could sense my teacher patting my back; I could see Chopin smiling at me; I could hear a thousand people applauding me. This time, the piano keys were dancing.
Notre analyse de cet essay : Dans cet *essay*, l'étudiante part également d'une histoire personnelle traumatisante : la perte de ses moyens et l'oubli de ses notes lors d'un récital de piano, et les conséquences que cela a pu avoir sur sa confiance en elle. Bien que sa réaction initiale semble avoir été de tout abandonner et de renoncer à son intérêt pour le piano, elle finit par se rendre compte de tous les souvenirs positifs associés au piano et décide alors d'arrêter de se décourager et de persévérer ! Elle illustre ainsi à travers cet exemple sa capacité à apprendre de ses erreurs, à faire face à ses peurs, à les surmonter et à persévérer jusqu'à atteindre ses objectifs. Exactement ce qu'il faut faire dans un *essay* pour les États-Unis !

Pour résumer, pour les États-Unis, n'ayez pas peur de vous révéler dans votre *essay* et de parler d'expériences marquantes et personnelles qui reflètent vos valeurs les plus profondes !

4| PRÉPARER SON DOSSIER DE CANDIDATURE EN BACHELOR AUX PAYS-BAS (STUDIELINK)

Chaque année, plusieurs milliers d'étudiants étrangers candidatent dans des universités aux Pays-Bas. Nous vous proposons ici un guide étape par étape pour présenter votre **candidature en bachelor au Pays-Bas *via* la plateforme Studielink (www.studielink.nl).**

Qu'est-ce que Studielink ?

À l'image de la plateforme UCAS ou de Parcoursup, le portail de centralisation des candidatures Studielink vous permet de postuler auprès de différentes universités situées aux Pays-Bas. Les démarches d'inscription sont ainsi grandement centralisées et c'est ensuite la plateforme Studielink qui se charge de transmettre ce dossier aux universités que vous aurez préalablement sélectionnées.

Pour intégrer un cursus de bachelor aux Pays-Bas, vous devrez généralement inclure :

- votre score à un test d'anglais standardisé de type TOEFL ou IELTS (la plupart des universités aux Pays-Bas dispensent une partie des formations en anglais) ;
- une photo d'identité numérisée.

Certains cursus sélectifs peuvent exiger des documents complémentaires tels qu'un **CV**, une **lettre de motivation,** un ***essay***, un **questionnaire,** un ***study plan*** ainsi qu'**une à trois lettres de recommandation de vos enseignants.**

Quel est le processus pour candidater *via* Studielink ?

La plateforme Studielink est relativement simple d'utilisation. Vous y trouverez de nombreux conseils et informations pour vous aider à franchir toutes les étapes utiles à la création de votre dossier de candidature. Si vous rencontrez des difficultés au cours de votre démarche, n'hésitez pas à consulter la page « Questions/Réponses » qui recense les problématiques que les étudiants rencontrent le plus fréquemment au cours de leur inscription.

Voici les différentes étapes nécessaires à l'élaboration de votre dossier d'inscription.

1re étape – Créer votre espace personnel

Dans un premier temps, rendez-vous sur **www.studielink.nl**. Pour créer votre compte, cliquez sur « Create Studielink account without DigID » et enregistrez votre adresse mail et votre mot de passe afin d'accéder à votre espace personnel sécurisé.

2e étape – Compléter vos informations personnelles

Une fois cette première étape franchie, vous allez devoir renseigner vos données personnelles (nom, prénom, coordonnées etc.) ainsi que votre parcours d'études précédent, dans la rubrique *My previous education*.

3e étape – Choisir votre cursus

Vous voilà entré dans le vif du sujet. **Sélectionnez le programme d'études ainsi que les universités** que vous souhaitez intégrer. Pour faire les bons choix, prenez le temps de bien réfléchir à votre projet et renseignez-vous sur les différents établissements que vous vous apprêtez à solliciter. Vous ne pourrez candidater que dans quatre cursus à la fois. Toutefois, vous aurez la possibilité de changer vos choix jusqu'à la date limite de candidature (qui varie selon les programmes aux Pays-Bas).

4e étape – Soumettre votre demande d'inscription

Une fois votre inscription terminée, la plateforme Studielink vous informera par mail que votre demande a bien été prise en compte. Cependant, en fonction des universités et des cursus, il est probable que vous ayez à fournir des documents supplémentaires ou que vous soyez convoqué à un examen écrit ou oral pour que le jury puisse statuer définitivement sur votre admission. Par exemple, les cursus *liberal arts* dans les University Colleges ainsi que des programmes comme le *BSc in International Business Administration* à la Rotterdam School of Management sont sélectifs et vous demanderont de fournir d'autres éléments (CV, bulletins, lettre de motivation...) afin d'être considéré.

5e étape – Transmettre vos informations bancaires pour le règlement de vos frais de scolarité

Dans le cas où votre dossier de candidature aurait été accepté, notez que votre inscription ne sera toutefois effective que lorsque vous aurez réglé vos frais de scolarité auprès de l'université choisie.
Notez que l'inscription à un programme d'études *via* Studielink n'est valable que pour une année. Par conséquent, il faudra **renouveler votre inscription chaque année.** Généralement, la date limite d'inscription est fixée au 15 janvier ou 1er février pour les parcours sélectifs avec places limitées (*numerus fixus*) et vers avril ou mai pour les autres cursus.

Demande de bourse ou de prêt

Via la plateforme Studielink, vous avez également la possibilité de faire une demande de bourse ou de prêt pour vous aider à financer vos études. Ces bourses sont accessibles aux étudiants néérlandais ainsi qu'aux ressortissants européens et sont attribuées selon des critères tels que la nationalité, l'âge et le cursus de l'étudiant.
Si vous n'êtes pas éligible à une bourse d'études, vous pouvez toutefois faire une demande de prêt pour financer vos frais de scolarité. *Via* le site Studielink, vous pouvez obtenir une estimation du prêt étudiant dont vous pourrez bénéficier.

5| PRÉPARER SON DOSSIER DE CANDIDATURE EN BACHELOR EN IRLANDE (CAO)

L'Irlande est une destination très prisée par les étudiants français. Et pour cause ! Celle que l'on surnomme « l'île verte » abrite des universités d'excellence qui n'ont rien à envier à leurs homologues européennes. La vie étudiante y est agréable et la population est particulièrement accueillante.

Pour plus d'informations

Découvrez tout ce qu'il faut savoir sur la plateforme CAO : www.cao.ie.

Qu'est-ce que le CAO ?

Le **CAO** (Central Application Office) est une plateforme de centralisation des candidatures en **bachelor pour les universités irlandaises**. Ce système est semblable à celui de Parcoursup en France ou à UCAS au Royaume-Uni. Conçu pour faciliter les démarches de candidature des étudiants, le CAO se charge d'envoyer votre dossier aux différentes universités, Écoles ou Instituts technologiques que vous aurez sélectionnés au cours de votre inscription. La plateforme CAO vous permet également de suivre l'avancement de votre dossier de candidature *via* le portail My Application et c'est par ce biais que les établissements que vous avez sollicités vous contacteront.

Quel est le processus pour candidater *via* CAO ?

S'inscrire sur la plateforme CAO

La plateforme CAO est relativement simple d'utilisation. Vous trouverez sur le site du CAO, le CAO Handbook qui contient l'ensemble des informations nécessaires à votre inscription. N'hésitez pas à le consulter.

L'inscription *via* CAO se déroule en plusieurs étapes :

- rendez-vous sur le site www.cao.ie, rubrique *Apply* pour lancer votre inscription ;

- renseignez l'ensemble de vos données personnelles : nom, prénom, date de naissance..., en veillant à ce que cela soit conforme à ce qui est écrit sur votre passeport ou acte de naissance ;
- ajoutez une adresse mail valide de manière à sécuriser votre compte et à être joignable par le service CAO et par les établissements au sein desquels vous postulez ;
- sélectionnez vos diplômes et qualifications parmi les différentes options proposées. N'oubliez pas de joindre une copie de vos certificats traduits en anglais. Si vous passez votre baccalauréat en 2020, faites parvenir vos **résultats au service CAO dès** que vous les aurez obtenus ;
- choisissez votre moyen de paiement. Les frais de candidature en ligne s'élèvent à 45 €. À noter que ces frais sont réduits à 30 € pour les candidats postulant avant le 20 janvier ;
- créez un mot de passe. Il vous sera demandé chaque fois que vous souhaiterez accéder à votre compte personnel CAO ;
- une fois l'ensemble de ces étapes franchies, vous recevrez un mail confirmant votre inscription et contenant votre numéro de demande CAO.

Faites vos vœux !

Si vous postulez en bachelor, diverses possibilités s'offrent à vous :
- niveau 8 : un cursus de deux ans, appelé *higher certificate* (HC) ;
- niveau 7 : un cursus de trois ans, appelé *ordinary bachelor degree* (DG) ;
- niveau 6 : un cursus de trois ou quatre ans, appelé *honours bachelor degree* (HD), l'équivalent de la licence universitaire française.

Pour chacun de ces niveaux, vous pouvez sélectionner un maximum de 10 établissements ou cursus.

Attention
Cette liste ne doit pas être établie de façon aléatoire. Veillez à inscrire vos choix par ordre de préférence.

Compléter votre dossier de candidature

Pour évaluer au mieux les profils des candidats, les universités irlandaises exigent bien souvent que le dossier de candidature comporte quelques documents supplémentaires. Vous disposez de 10 jours à compter de votre date d'inscription pour faire parvenir au **service CAO** les pièces justificatives qui vous seront demandées. Ces documents devront être des copies certifiées par le cachet de l'école, doublées de leur traduction en anglais.
Prenez soin d'inscrire votre **numéro CAO** sur chacun des documents, avant de les envoyer à l'adresse suivante :
CAO
Tower House
Eglinton Street
Galway, Ireland

Respecter le calendrier d'inscription

Tous les candidats s'inscrivant sur la plateforme CAO entre le 1er novembre et le 20 janvier (17 h 15) bénéficient du tarif préférentiel de 30 €. Entre le 21 janvier et le 1er février, les frais d'inscription passent alors à 45 €. Pour les retardataires ou les indécis, il est toujours possible de s'inscrire jusqu'au 1er mai (17 h 15) au tarif de 60 €.
Entre le 5 mai et le 1er juillet, vous pouvez modifier gratuitement votre liste de vœux.

Les critères d'admission

Afin d'être admis dans un cursus universitaire en Irlande, il vous faudra obtenir un nombre minimum de *CAO entry points*, qui peut varier d'une université ou d'un cursus à l'autre.
Il sera généralement précisé sur le site de l'université le nombre minimum de *CAO entry points* demandé pour le cursus en question (même si ce score peut légèrement évoluer d'une année à l'autre).

Par exemple, pour intégrer le cursus "BESS - Business, Economics and Social Studies" à Trinity College Dublin, le nombre de *CAO entry points* demandé en 2019 était de 518.
Afin de convertir votre moyenne au Baccalauréat général en *CAO entry points*, n'hésitez pas à vous référer au tableau indicatif ci-dessous :

Moyenne au Baccalauréat général sur 20	CAO entry points
20	600
19	580
18	559
17	539
16	518
15	490
14	462
13	430
12	397
11	349
10	300

Ainsi pour être admis dans ce cursus à Trinity, il faudra au minimum obtenir une moyenne de 16/20 au Baccalauréat général.

De plus, si vous avez obtenu plus de 11/20 à l'épreuve de mathématiques du Baccalauréat et que cette dernière avait un coefficient supérieur à 5, vous obtiendrez alors 25 *CAO entry points* supplémentaires en bonus !

Notes minimum dans certaines matières

Certains cursus exigent aussi un score minimum dans certaines disciplines au *Leaving Certificate ou LC* (équivalent du Baccalauréat en Irlande). Par exemple, le cursus "BESS - Business, Economics and Social Studies" à Trinity College Dublin exige aussi d'avoir obtenu une note de O4 ou H6 en mathématiques au *Leaving Certificate*.
N'hésitez donc pas à vous référer au tableau ci-contre afin de convertir cette note selon le barème du Baccalauréat général.
Ce pré-requis de H6 en mathématiques au *Leaving Certificate* irlandais correspond donc à un minimum de 11/20 en mathématiques au Baccalauréat général si le coefficient de l'épreuve est supérieur ou égal à 5 ou un minimum de 13/20 si le coefficient est inférieur ou égal à 4.

Niveau d'anglais requis

Pour ce qui est du niveau d'anglais requis pour être admis à l'université en Irlande, il faudra obtenir une note minimum de 12/20 à l'épreuve d'anglais du Baccalauréat si le coefficient est supérieur à 5 ou de 14/20 si cela n'est pas le cas.
Il sera également possible de justifier son niveau d'anglais par un score minimum de 90 au TOEFL (avec un score minimum de 20 dans chaque épreuve), un score de 6.5 à l'IELTS (avec un score minimum de 6 dans chaque épreuve) ou un score supérieur à 176 à un test de Cambridge avec un score minimum de 169 dans chaque *skill and use of English* (un "*C*" au *Proficiency* ou au test *Advanced* ou encore un "*A*" au *First Certificate*).
Pour les diplômés de baccalauréat professionnel ou technologique ou de brevet de technicien ou professionnel, il sera possible d'accéder à

Leaving Certificate *Higher*	**Baccalauréat général** **Coefficient inférieur ou égal à 4**	**Baccalauréat général** **Coefficient supérieur ou égal à 5**	*Leaving Certificate* *Ordinary*	**Baccalauréat général** **Coefficient inférieur ou égal à 4**	**Baccalauréat général** **Coefficient supérieur ou égal à 5**
H1	18/20	16/20	O1	14/20	12/20
H2	17/20	15/20	O2	13/20	11/20
H3	16/20	14/20	O3	13/20	11/20
H4	15/20	13/20	O4	12/20	10/20
H5	14/20	12/20	O5	12/20	10/20
H6	13/20	11/20	O6	12/20	10/20
H7	12/20	10/20			

certains cursus. Toutefois, le score maximum de *CAO entry points* pour le cursus en question doit être inférieur ou égal à 390 points.
Une fois votre relevé de notes au Baccalauréat obtenu, il faudra alors le transmettre à CAO accompagné d'une traduction en anglais assermentée.

Pour plus d'informations, n'hésitez pas à consulter ce document sur le site du CAO à l'adresse suivante : http://www2.cao.ie/downloads/documents/Guidelines-EU-EFTA.pdf

6| PRÉPARER SON DOSSIER DE CANDIDATURE EN BACHELOR AU QUÉBEC ET DANS LE RESTE DU CANADA

Excellence académique, frais de scolarité abordables au Québec, population accueillante et paysages à couper le souffle… Autant de raisons qui poussent chaque année des milliers d'étudiants à rejoindre les bancs d'une université au Québec.

Que faut-il savoir avant de candidater au Canada ?

Au Québec et au Canada de manière générale, il n'existe pas de système de centralisation des candidatures, comme c'est le cas au Royaume-Uni (UCAS), en France (Parcoursup) ou aux États-Unis (Common App). Cela implique d'envoyer un dossier de candidature et de vous acquitter de frais de dossier pour chacune des universités au sein desquelles vous souhaitez postuler.

Chaque établissement possédant ses propres critères de sélection et modalités d'admission, nous vous conseillons de **vous renseigner auprès du service des admissions des universités** que vous souhaitez solliciter.

Au Canada, l'admission se fait principalement sur la base des bulletins scolaires. Pour McGill par exemple, l'évaluation se fera uniquement sur la base des bulletins de première et de terminale. Pour chaque cursus, McGill indique les notes minimum demandées. Par exemple :

- **pour les bachelors d'arts :** 15/20 de moyenne (aucun prérequis de spécialité) ;
- **pour le bachelor d'arts et sciences :** 16/20 de moyenne avec 14/20 en maths et science (spécialité Mathématiques – en première et en terminale – et deux sciences en première, soit : spécialité SVT et spécialité physique/chimie, ou spécialité physique/chimie) ;
- **pour le bachelor de commerce :** de 15 à 16,5/20 de moyenne et de 14,5 à 16,5/20 en maths avec spécialité Mathématiques (en première et en terminale) ou spécialité Mathématiques (en première) et option Mathématiques complémentaires (en terminale) ;

- **pour les bachelors d'ingénierie :** de 13,5 à 16,5/20 de moyenne et de 13,5 à 16,5/20 en mathématiques et sciences (spécialité Mathématiques en première et en terminale) et spécialité Physique-chimie (en première).

Les délais de dépôt de candidature varient également d'une université à l'autre et la période s'étend généralement du 1er janvier au 1er mars. N'hésitez pas à vérifier sur le site de chacune des universités afin de ne pas manquer la *deadline* !

Pour les candidatures dans des cursus en anglais (à McGill, Concordia, Bishop's), vous allez devoir fournir la preuve de votre aptitude en anglais. Vous devrez donc inclure dans votre dossier de candidature le résultat obtenu à un **test d'anglais standardisé** de type IELTS ou TOEFL. Notez que chaque université ou cursus peut exiger son propre score minimum. À titre d'exemple, les universités de McGill, de Toronto, ainsi que l'University of British Columbia (UBC) demandent un minimum de 6,5 à l'IELTS tandis que vous pourrez espérer intégrer Concordia avec un score de 6 ou 6,5 (à condition de prendre des cours d'anglais supplémentaires une fois sur place). N'attendez pas la dernière minute pour passer votre test car il faudra parfois s'y reprendre à plusieurs reprises avant d'obtenir le score visé.

Il est vivement conseillé de s'y prendre environ un an à l'avance pour choisir les universités et programmes correspondant à votre projet professionnel, élaborer un dossier de candidature complet et passer un test d'anglais.

Quel est le processus pour candidater au Canada ?

Si les universités canadiennes ont leurs propres critères de sélection, les processus de candidature sont toutefois assez similaires. La plupart des universités permettent ainsi aux candidats de postuler en ligne en suivant quelques étapes simples.

Créer votre espace personnel

Avant de commencer à élaborer votre dossier de candidature, vous allez devoir créer votre espace personnel en choisissant votre identifiant et votre mot de passe. Chaque université dispose de sa propre plateforme et il faudra donc se rendre sur le site de chaque université, cliquez sur *Undergraduate* et *Apply* pour créer votre compte.

Renseigner vos données personnelles et inscrivez une adresse mail valide

Prenez soin de noter vos nom, prénom et coordonnées tels qu'ils sont inscrits sur votre passeport. Assurez-vous que pouvez consulter l'adresse mail indiquée à tout moment car c'est par ce biais que les universités sollicitées communiqueront avec vous. Vous recevrez alors un numéro d'immatriculation qui vous permettra de vous identifier auprès de l'université.

Sélectionner vos programmes de formation

Choisir le cursus que vous souhaitez suivre implique nécessairement de s'être accordé le temps de réfléchir à votre projet. Les universités McGill et UBC vous permettent de sélectionner deux programmes de bachelor tandis que ce choix est élargi à trois pour la Concordia University.
Pour McGill, vous n'aurez dans un premier temps pas à choisir un cursus spécifique mais simplement une faculté : la *faculty of arts* pour toutes les humanités (littérature, économie, relations internationales, mathématiques...), la *Desautels Faculty of Management* (pour tous les cursus de commerce et de gestion). Pour la *Faculty of Engineering* (pour l'ingénierie), chaque cursus possède ses propres critères d'admission, donc vous devrez choisir un programme spécifique.
Tant que vous n'aurez pas validé votre dossier, vous pourrez toujours modifier ces choix.

Ajouter les documents requis

La plupart des universités canadiennes demandent aux candidats leurs relevés de notes de première et de terminale.
Il vous faudra également transmettre aux universités sollicitées votre score au TOEFL ou à l'IELTS ainsi que vos résultats du bac sitôt que vous les aurez obtenus. D'autres documents peuvent être exigés en fonction des universités et des programmes sélectionnés. Au moment de votre demande d'admission, vous devez aussi disposer d'un passeport valide.
Pour certaines universités, vous aurez la possibilité d'envoyer votre score au test d'anglais et les documents complémentaires dans un second temps. A McGill par exemple, vous devrez soumettre votre candidature en ligne avant le 15 janvier mais vous aurez jusqu'au 15 mars pour envoyer votre score au test d'anglais.

S'acquitter des frais de candidature

Pour soumettre votre dossier de candidature, vous devrez payer des frais d'admission s'élevant à environ 70 € par université.

Suivre votre demande

Vous pouvez suivre l'état d'avancement de votre demande *via* les différentes plateformes mises à votre disposition sur les sites des universités (Myconcordia pour l'université de Concordia ou Minerva pour l'université de McGill).

Faire votre demande de visa

À votre arrivée sur le sol canadien, vous devrez avoir votre CAQ (certificat d'acceptation au Québec) ainsi qu'un permis d'études émanant de l'immigration du Canada.

7| RÉDIGER UNE LETTRE DE MOTIVATION EN ANGLAIS POUR UNE UNIVERSITÉ ÉTRANGÈRE (HORS UCAS ET COMMON APP)

Si vous cherchez des conseils spécifiques pour rédiger votre lettre de motivation pour le Royaume-Uni (*UCAS personal statement*) ou pour les États-Unis (*Common App essay*), n'hésitez pas à vous référer aux sections dédiées dans notre guide.
La **lettre de motivation** peut avoir une importance toute particulière dans certains de vos **dossiers de candidature universitaire à l'étranger**. Elle est le reflet de votre personnalité, de vos ambitions, et de votre motivation. Judicieusement rédigée, votre *cover letter* peut avoir un impact déterminant dans votre **processus d'admission** au sein d'un **établissement de premier rang** à l'étranger.

Conseils pour rédiger votre lettre

Voici donc quelques conseils pour **vous aider à rédiger votre lettre de motivation en anglais**. Ces astuces vous aideront à élaborer une première version de votre lettre mais il faudra évidemment toujours veiller à suivre toutes les consignes indiquées sur le site du programme ou de l'université, comme la taille, le format ou encore le destinataire de la lettre !

Conseil n° 1 – Respecter les codes établis

Qu'elle soit rédigée en français ou en anglais, une lettre de motivation doit respecter un certain nombre de normes.
Commencez votre *cover letter* avec des **salutations** et clôturez-la avec une **formule de politesse**.
Des exemples d'expressions pour **bien démarrer** votre lettre :
– *Dear Admissions Team* (plus chaleureux, mieux adapté) ;
– *Dear Admissions Officer* (ou *Admissions Office*) (plus formel) ;
– *Dear Ms. XXX* ;
– *Dear Mr. XXX*.

À éviter (trop distant) :
– *To whom it may concern* ;
– *Dear Sir or Madam*.

Des exemples de formule de politesse pour **conclure** :
– *Yours faithfully* ;
– *Yours sincerely* ;
– *Kind regards*.

À éviter (trop informel) :
– *Best ;*
– *My best.*

Le rôle de votre *cover letter* est de permettre à votre destinataire d'en savoir plus sur vous et vos motivations pour rejoindre ce cursus.
Essayez de répondre à certaines **questions clés** : pourquoi avez-vous opté pour ce cursus et cette université ? Qu'attendez-vous de ce **parcours d'études à l'étranger et de quelle manière ce cursus va-t-il vous permettre de réaliser vos ambitions académiques et professionnelles** ?
Utilisez un **vocabulaire approprié** et relisez-vous bien ou demandez à quelqu'un de relire votre lettre pour éviter à tout prix les fautes d'orthographe et de syntaxe.
Remarque importante : dites plutôt *University X* ou *bachelor de X* que *your university* ou *your bachelor*. La personne à laquelle vous écrivez n'est en effet pas propriétaire de l'université ou du programme !

Conseil n° 2 – Mettre en avant vos qualités et compétences

Essayez aussi de répondre à la question suivante : quelles sont les qualités et expériences qui font de vous un candidat idéal pour ce cursus ?
N'hésitez pas à mettre l'accent sur vos **expériences personnelles** (aptitudes sociales, hobbies, jobs d'été, bénévolat…), vos **réussites**, et vos **engagements**. N'hésitez pas à **faire valoir votre singularité** et démontrez votre **motivation**. C'est ce qui rendra votre **profil attrayant** !

Conseil n° 3 – Se méfier des modèles de lettres de motivation en anglais proposés sur Internet

Les **modèles de lettres de motivation** foisonnent sur Internet. Vous pouvez en consulter quelques-uns et **vous inspirer** de leur structure. Cependant, même si l'auteur l'autorise, **évitez de copier** le contenu de ces travaux. L'admission saura parfaitement faire la différence entre une **lettre personnelle** et la reprise d'un texte existant. Sur ce point, des technologies telles que *Turnitin* peuvent détecter le plagiat. Ne cédez donc pas à la tentation de recopier !

Conseil n° 4 – Aller droit au but et personnaliser votre lettre à l'université

Certaines universités reçoivent un très grand nombre de CV et lettres de motivation. Les responsables des admissions n'ont que peu de temps pour examiner votre candidature. Inutile donc de vous perdre dans de la prose stérile. **Valorisez vos points forts** mais soyez **pragmatique** et allez droit au but ! **Précision et concision** doivent être vos maîtres mots afin que votre lettre soit convaincante et tienne sur une page.
Il est important de veiller à bien adapter chacune de vos lettres à l'université à laquelle vous allez l'envoyer. Il ne s'agit pas simplement de changer le nom de l'université !
Pensez à mentionner des éléments spécifiques du programme et de l'université que vous trouvez particulièrement attirant ou intéressant et passez du temps à personnaliser au maximum chacune de vos lettres de motivation !

Conseil n° 5 – Demander conseil et se faire relire par une personne de confiance

Une fois la rédaction de votre lettre de motivation en anglais achevée, relisez-vous. Essayez de prendre un peu de recul et d'**évaluer la qualité et la cohérence** de votre présentation. N'hésitez pas à la faire relire par votre entourage ou par des étudiants ayant déjà réalisé avec succès cet exercice. Si vous en avez la possibilité, demandez à un **natif** ou à une personne **bilingue** de vous corriger. Vous n'êtes évidemment pas obligé de tenir compte de tous les conseils et suggestions s'ils ne vous semblent pas pertinents !

Exemple de *cover letter* ou lettre de motivation

Dear Admissions Officer,

Currently in the final year of high school and specializing in Economics and Social Sciences at Lycée X in X, I wish to apply for the bachelor in X at X University.

Through my classes as well as a variety of extracurricular activities, my high school has taught me the values of leadership, respect, trust, mutual aid and friendship. The demanding curriculum and emphasis on excellence at this school has also taught me to push myself beyond my perceived limits. My three years at X high school have challenged me academically and helped me develop perseverance, which has been key to achieving my goals. Eager to face the challenge of studying in an international context, I am convinced that X University would be the perfect fit for my ambitions.

Studying Economics and Social Sciences over the past two years has given me a better understanding of the increasing speed with which our environment is changing and allowed me to better comprehend the many challenges that my generation will have to face, especially in view of the revolutionary impact of new technologies on our lives. This has fueled my curiosity to learn more about world affairs. I am therefore particularly looking forward to classes at X University such as "X" and "X". This year, I had the opportunity with my high school to participate in X activities, which reinforced my interest in X.

My high school also taught me how to try to make a difference on a daily basis. As a member of my school's environmental club, I am involved in efforts to make our school more environmentally responsible by holding workshops to encourage students to change their consumption habits. I am also involved in charitable associations, raising funds for the X Foundation on research against X and serving meals at X. I would therefore be eager to participate in project X at university.

Raised in a multicultural environment, I had the opportunity to travel to many countries with my parents from a very young age. I was also able to take part in family exchange programs and summer camps in China and Australia. These experiences helped me discover many different lifestyles, cultures, religions, and histories. Thanks to these summer trips, I developed a particular taste for multilingual, international environments, where the exchange of ideas and culture is both insightful and humbling. Being part of University X's international community would thus be a unique opportunity for me to study management in the type of multi- and cross-cultural environment that I appreciate so much. Being immersed in an international environment would provide me with a rewarding learning experience and excellent academic training in one of the world's foremost universities.

Finally, my internship at company X gave me a taste for X and X. University X's many connections with the business world and the various business projects and internships offered at the end of each year would allow me to apply my knowledge in various organizations and functions.

With its global, interdisciplinary approach, which combines rigorous management training with humanities and languages and the openness and diversity of its student body, I believe that University X's bachelor in X program would equip me with essential skills and knowledge to succeed in today's global, multicultural and technologically driven world.

Thank you for your consideration of my application.

Yours faithfully,

Sarah Smith

8| RÉDIGER UN CV EN ANGLAIS POUR UNE UNIVERSITÉ ÉTRANGÈRE

Que doit contenir votre CV en anglais ?

Si vous souhaitez être admis dans une université étrangère, un CV ou *résumé* (aux États-Unis) en anglais pourra vous être demandé ! Quelles sont les attentes principales pour votre CV en anglais ?

Format

Notre recommandation : *keep it simple*. Autrement dit, à moins de candidater dans des filières artistiques, un CV n'est généralement pas le lieu pour explorer votre créativité.
Un document sobre et tenant sur **une page** qui liste, section par section, votre parcours sera généralement plus lisible et plus apprécié qu'un CV coloré et rempli !

Informations personnelles

Comme son nom l'indique, ce premier point concerne vos données et informations personnelles, à savoir : nom, prénom, adresse mail, adresse postale, numéro de téléphone...
Ne pas inclure : date de naissance, nationalité, photo (ces informations peuvent en effet être à l'origine de discrimination. En revanche, elles vous seront demandées par d'autres moyens, à savoir votre passeport).

Education (formation)
Ici, vous devrez spécifier les parcours scolaires et universitaires que vous avez suivis, en précisant le nom des établissements fréquentés ainsi que leur localisation. Détaillez les enseignements importants reçus, en précisant la durée de chaque formation.
Listez vos diplômes dans un ordre anti-chronologique (du plus récent au plus ancien) en inscrivant vos mentions ou notes si celles-ci sont honorables. Veillez bien à ne noter aucune abréviation telles que DUT, BTS ou DEUG car ces sigles ne sont pas universels.

Work experience (expérience professionnelle)
En plus des informations de base concernant l'entreprise pour laquelle vous avez travaillé, veillez à bien préciser le rôle que vous aviez à jouer à l'aide de chiffres clés, d'éléments tangibles et mesurables qui permettent de démontrer l'impact de votre travail, les compétences sollicitées par cet emploi, les capacités développées... En d'autres termes, mettez vos expériences professionnelles en valeur, même s'il ne s'agit que de jobs d'été ou d'un stage d'observation de quelques jours (dans ce cas, vous pourrez simplement préciser le mois pendant lequel vous avez effectué ce stage) car cela donnera une impression favorable aux responsables des admissions !

Employez des **verbes d'action** et des **chiffres précis** lorsque cela est possible :
– *Launched a deal with X for 10,000 reusable containers* ;
– *Raised € 1.5K for charity X* ;
– *Tutored 9 students in English, French, and History for 4 years*

Skills (compétences)
Dans cette rubrique, vous inscrirez vos compétences et puisqu'il s'agit d'un CV destiné à des établissements anglo-saxons, commencez déjà par préciser votre niveau en anglais : *Professional working proficiency*, *Full professional proficiency* ou *Native or bilingual proficiency*. Vous pouvez aussi utiliser les abréviations du *Common European Framework* (A1, A2, B1, B2, C1, C2) et préciser votre score à un test d'anglais (IELTS, TOEFL, Cambridge...).
Si vous maîtrisez une ou plusieurs autres langues étrangères, notez-le également.
Mentionnez aussi vos compétences en informatique ou dans n'importe quel autre domaine, en veillant à maintenir une certaine cohérence avec vos objectifs de carrière. Essayez de mettre plus que « Microsoft Word » ou « Office Suite » dans la section sur vos compétences en informatique. Y a-t-il des logiciels tels que Photoshop, InDesign, Canva, Buffer et bien d'autres encore que vous pourriez commencer à apprendre à utiliser ?

Other (Intérêts et activités extrascolaires)
Compte tenu de votre expérience professionnelle limitée, les responsables des admissions seront particulièrement attentifs à cette section. Il est donc important de lister toutes vos activités culturelles et sportives ainsi que vos responsabilités associatives.
Vous trouverez sur Internet de nombreux modèles de CV en anglais. Vous pouvez les consulter et vous en inspirer, mais restez vigilant, car vous pourriez être induit en erreur. Faites-vous confiance, et dans l'idéal, demandez à une personne compétente de vous aider ou de vous relire pour éviter les fautes d'orthographe, de syntaxe ou de grammaire !
Veillez aussi à la cohérence globale de votre CV : par exemple, si vous mettez un point à la fin de chaque phrase ou une majuscule au début de chaque ligne, assurez-vous que cela soit bien le cas partout !
Si ce n'est pas déjà le cas, n'hésitez pas à créer votre compte sur LinkedIn en utilisant tout le contenu de votre CV !

Modèles de CV

Modèle de CV, type bachelor

First name Last name
street – postal code – city – country
Date of birth: [month/day/year] in [city, country]
+ 33 6 12 34 56 78 – address@e-mail-com – skype name

Education

Aug. 20XX – June 20XX	NAME OF SECONDARY SCHOOL/S *French baccalaureate (name) (overall grade X/X or predicted grades)* *Specialization/Track (if applicable): X*	CITY, COUNTRY

Work Experience

March – June 20XX	*Company name (add professional sector if needed)* *Internship* *Elaborated a plan for X* *Drafted emails about X* *Attended meetings with X*	CITY, COUNTRY
Sept. 20XX – June 20XX	*Company name (add professional sector if needed)* *Drafted emails about X* *Attended meetings with X*	CITY, COUNTRY

Skills

Languages : *French (C2)*
English (C1, IELTS score : 7)
Spanish / German / Chinese (C1)

Computer Skills : Microsoft Office, Buffer, Adwords, Wordpress, Canva

Other

Awards/Scholarships: *(if applicable)*

NAME OF ASSOCIATION – *Elected to student government ; represented 360 bachelor students ; headed academic committee*

NAME OF POLITICAL ORGANIZATION – *Organized District chairman of [Name of district] ; National delegate*

NAME OF SPORTS CLUB – *[type of sport] Coached a team of 10-12 year olds in beginner basketball*

NAME OF SECONDARY SCHOOL – *Coordinated student intramural sports tournaments twice yearly*

Interests: *(examples of sports, instruments, literature, travels)*

9| PRÉPARER UN ENTRETIEN D'ADMISSION POUR UNE UNIVERSITÉ ÉTRANGÈRE

Oxbridge, University Colleges aux Pays-Bas, école hôtelière de Lausanne, l'IE University à Madrid... Dans beaucoup d'universités étrangères, les candidats présélectionnés ou admissibles devront encore franchir une étape décisive : l'entretien d'admission.
Vous trouverez ci-dessous nos conseils pour réussir vos entretiens d'admission.

Entretien d'admission : à quoi faut-il s'attendre ?

La convocation à un entretien d'admission suscite généralement différentes émotions : d'un côté, la joie et l'excitation d'avoir retenu l'attention du comité d'admission, de l'autre l'anxiété et l'appréhension de ne pas être à la hauteur lors de l'interview.
S'il est assez difficile d'anticiper certaines questions – parfois surprenantes ou déstabilisantes – qui vous seront posées au cours de l'entretien, il est toutefois important de **comprendre l'objectif de l'épreuve et l'intention des membres du jury**, qui peuvent se résumer en ces quelques points.

Tester votre capacité de réflexion

Après avoir pris le temps de s'intéresser à votre profil, à vos motivations pour rejoindre l'université et le cursus et votre projet professionnel ainsi que vos centres d'intérêt, le jury (qui peut être composé de deux à quatre membres) va ensuite chercher à tester votre **réactivité**, l'**originalité** de votre pensée et vos capacités de **réflexion** face à un thème qui peut vous être – volontairement – étranger, en observant la façon dont vous allez vous emparer du problème posé et trouver un moyen de le résoudre.

Évaluer votre éloquence

Les membres du jury vont également s'intéresser à votre aptitude à **argumenter et convaincre.** Êtes-vous capable de défendre vos positions en alimentant votre raisonnement avec des arguments tangibles ? Pouvez-vous soutenir une théorie sans vous laisser déstabiliser par les remarques du jury ? Bien entendu, si vous réalisez tout à coup que votre raisonnement est erroné, ne vous obstinez pas. Vous avez le droit de changer d'avis et de réviser vos positions.

Apprécier votre capacité d'adaptation

Étudier à Oxford, à Cambridge ou à l'IE University suppose d'être apte à **réfléchir par soi-même.** Cette capacité, les membres du jury vont chercher à la tester à travers une étude de texte, l'exposition d'un problème ou la résolution d'un exercice. Il faut être capable de traiter une nouvelle information et de s'adapter à des problématiques inédites en les abordant de manière structurée et originale.

Jauger votre motivation

Il est probable que vous ne parveniez pas à répondre à toutes les questions posées par le jury. Rassurez-vous, ce n'est pas éliminatoire. Ce qu'il faut avant tout, c'est **montrer votre motivation et votre enthousiasme** à l'idée de rejoindre les bancs de l'université pour laquelle vous postulez, et **manifester de l'intérêt** pour la matière que vous souhaitez étudier.

Comment se préparer à un entretien d'admission ?

Même si, dans des universités telles qu'Oxford ou Cambridge, les membres du jury ont tendance à poser des questions imprévisibles, **une bonne préparation à cet examen oral reste indispensable.** Savoir se présenter en mettant en avant ses qualités, connaître le déroulement de l'épreuve, travailler son expression orale, comprendre les attentes du jury, sont autant de paramètres qui permettent de se sentir plus serein le jour J.

Voici une liste de questions qui reviennent souvent dans les entretiens de personnalité :

- Présentez-vous en 2 minutes.
- Pourquoi ce cursus ? Pourquoi cette université ?
- Quel est votre projet professionnel après l'université ? Comment cette formation va-t-elle vous permettre d'atteindre ces objectifs ?
- Quels sont vos trois principales forces et points d'amélioration ?
- Quelle est votre définition du leadership ? Décrivez une situation au cours de laquelle vous avez fait preuve de leadership.
- Partagez avec nous une expérience de travail de groupe – quel était votre rôle au sein de l'équipe ?
- Quels journaux lisez-vous régulièrement pour vous tenir informé ? Qu'avez-vous lu récemment dans l'actualité ?
- Avez-vous une question pour le jury ? (Remarque : ne pas demander au jury pourquoi vous devez choisir l'université de X !).
- Quels sont votre plus grand échec et votre plus grande fierté ?

Pour vous aider à vous préparer au mieux à votre entretien d'admission voici quelques conseils :

- **apprenez à mettre vos atouts en relief**, sans pour autant tomber dans l'égocentrisme. Mettez en valeur vos points forts, vos aptitudes et vos qualités. N'hésitez pas à réfléchir à des exemples pour chaque atout mais évitez de réciter un texte, car le jury va également juger votre **spontanéité** ;
- **faites preuve de motivation et d'enthousiasme** à l'idée de rejoindre les bancs de l'université pour laquelle vous postulez ;
- **parlez de vos expériences professionnelles**, de vos centres d'intérêt, éventuellement de vos activités de bénévolat en expliquant toujours vos choix et les bénéfices que vous en avez tirés ;
- **faites preuve d'une bonne culture générale.** Vous devez être capable d'entretenir une discussion sur n'importe quel sujet : actualité, art, sciences, philosophie, littérature, etc. N'hésitez pas à vous documenter et à lire autant d'ouvrages que possible sur la matière que vous souhaitez étudier, afin de montrer au jury que vous êtes passionné ;

- **expliquez la raison pour laquelle vous souhaitez intégrer cette université plutôt qu'une autre.** Quelles sont vos attentes vis-à-vis de cet établissement ?
- **prenez le temps de comprendre les questions du jury**, quitte à demander que l'on vous répète la question.

Jean-Eudes nous raconte son entretien d'admission à l'université IE à Ségovie (Espagne) pour un cursus de commerce : « *J'étais venu pour une journée portes ouvertes et j'en ai profité pour passer mon entretien sur place. Je me suis entraîné avec mes parents, des professeurs du lycée et des amis de mes parents. Il est important de ne pas s'entraîner qu'avec des proches, pour se rapprocher au mieux des conditions réelles d'entretien et d'avoir des avis plus objectifs et critiques. Les entretiens de personnalité demandent de savoir parler de soi, ce qui n'est pas toujours naturel. Mes amis peuvent nous aider à décrire qui on est, nos qualités et nos défauts.* »

Toutefois, à Oxford, Cambridge ou Imperial College à Londres, l'entretien ne visera pas simplement à évaluer votre motivation mais surtout votre potentiel académique dans le cursus visé, le contenu de votre *personal statement*, votre capacité à réfléchir… Pour illustrer cela, vous trouverez ci-dessous des exemples de questions posés aux candidats au cursus philosophie, politique et économie à Oxford :

- Certains néolibéraux affirment que les personnes pauvres le sont car elles sont trop paresseuses pour travailler. Qu'en pensez-vous ?
- Pourquoi croyez-vous ce que votre professeur vous dit ?
- Qu'est-ce que la liberté ?
- Les prisonniers doivent-ils voter ? Quel est l'argument principal en faveur ou contre ? Quels autres groupes de personnes sont exclus du vote et pourquoi ?
- Comment mesurer le succès d'un système politique de vote ?

Comme vous pouvez le voir, les questions posées sont tout à fait différentes de celles d'un entretien de motivation classique.

Lorcan, étudiant à Selwyn College, université de Cambridge, nous raconte sa préparation pour son entretien à Cambridge :
« Le responsable du département d'histoire de mon lycée était très enthousiaste à l'idée de m'entraîner aux entretiens de Cambridge et m'a fait passer deux simulations. Il est impossible de savoir à l'avance les thèmes qui seront évoqués durant l'entretien car cela est à l'entière discrétion du jury qui peut décider de ce dont il veut parler.
Toutefois, lorsque vous aurez choisi le college dans lequel vous souhaitez postuler, n'hésitez pas à vous renseigner sur les professeurs qui enseignent dans ce college en particulier et sur leur recherche, et essayez d'obtenir une certaine connaissance de ce qu'ils font.
À titre d'exemple, je savais que l'un des membres de mon jury, était un spécialiste de l'Angleterre sous la dynastie des Stuarts. Avant l'entretien, j'ai donc lu une biographie et des articles en ligne sur cette période. Cela m'a en effet été très utile car, lors de mon interview, j'ai dû commenter un article datant de cette époque.
Se renseigner sur les membres du jury qui pourraient vous interviewer est généralement une stratégie payante. De même, lors de son entretien à Emmanuel College à Cambridge, mon amie a dû décrire une peinture de Londres au XIXe siècle. Le membre du jury qui lui avait donné ce travail était en effet un professeur spécialiste de l'Angleterre victorienne.
Avant son entretien, elle a donc effectué des lectures en ligne et emprunté à la bibliothèque un livre sur l'Angleterre victorienne afin de mieux comprendre le travail du professeur, car elle savait que cette période pourrait être évoquée pendant l'entretien, ce qui a été le cas.
Il est possible que l'on vous pose quelques questions surprenantes mais vous n'aurez pas de questions impossibles.
On ne va jamais vous poser des questions sur "le sens de la vie" ni essayer de vous mettre mal à l'aise, mais simplement tenter de jauger la manière dont vous raisonnez.
Pendant mon entretien, nous avons par exemple eu une discussion sur l'économie soviétique avec le jury. Un membre du jury m'a alors demandé à quoi ressemblerait la France aujourd'hui si le modèle soviétique s'était imposé dans les années 1920.

Bien que la question puisse sembler déstabilisante, les membres du jury ont simplement cherché à voir la manière dont je faisais face à un problème complexe.
Les membres du jury ne sont pas là pour vous piéger mais cherchent simplement à avoir un débat intellectuel avec vous et à évaluer ce dont vous êtes capable. Ils cherchent à comprendre votre manière de réfléchir et à voir si votre façon de penser est adaptée au système de tutorial *(cours en tête à tête avec le professeur) offert à Cambridge.*
En effet, à Cambridge, j'ai l'impression de vivre un entretien chaque semaine, au cours duquel je dois débattre et argumenter. L'objectif de l'entretien est donc d'évaluer si votre personnalité est adaptée à ce type d'environnement. »

10| OBTENIR DES LETTRES DE RECOMMANDATION POUR UNE UNIVERSITÉ ÉTRANGÈRE (HORS UCAS)

Si vous cherchez des conseils spécifiques pour obtenir une lettre de recommandation pour le Royaume-Uni (UCAS), n'hésitez pas à vous référer à la section dédiée dans notre guide.

Comment l'obtenir et que doit-elle contenir ?

La majorité des universités étrangères vous demanderont généralement de soumettre **une à trois lettres de recommandation** dans votre dossier de candidature. Ce document peut constituer un **véritable levier** pour appuyer votre candidature et augmenter ainsi vos chances d'admission.
Mais alors comment faire pour obtenir une lettre de recommandation ? À qui s'adresser ? Que doit-elle contenir ? Voici quelques conseils pour franchir cette étape obligatoire dans votre processus d'admission.

Conseil n° 1 – Ne pas attendre la dernière minute

Vos professeurs ont un emploi du temps chargé, et vous avez généralement une date limite à respecter. Alors un seul mot d'ordre : **anticiper** ! Mieux vaut s'y prendre plusieurs semaines voire plusieurs mois à l'avance afin d'avoir la garantie d'**obtenir votre lettre de recommandation en temps et en heure**, quitte à relancer plusieurs fois votre professeur si nécessaire.
Prenez également en considération le fait que les enseignants accordent un nombre restreint de recommandations étant donné le travail supplémentaire que cela représente. L'idéal est de **faire partie des premiers à solliciter votre enseignant**, car on pourrait sinon refuser votre demande.

Conseil n° 2 – Choisir un professeur qui vous connaît bien

La lettre de recommandation doit fournir au jury des informations sur votre personnalité, votre travail, votre participation, votre implication dans la vie de la classe, vos qualités… Seul un professeur qui vous connaît bien et qui vous aura eu comme élève une (voire plusieurs) année(s) sera à même de fournir des exemples précis pour illustrer vos qualités. Tournez-vous vers un professeur qui vous apprécie, d'une matière dans laquelle vous avez de bons résultats et qui pourra témoigner de votre implication, de votre détermination et de votre sérieux.

Idéalement, le professeur que vous sollicitez doit **enseigner une matière proche de la discipline** que vous souhaitez étudier à l'université ou avoir une véritable connaissance de vos résultats dans la ou les matières qui s'en rapprochent le plus. Par exemple, si vous envisagez d'intégrer un cursus d'ingénierie, une lettre de recommandation émanant d'un professeur d'histoire aura moins de poids que celle d'un professeur de mathématiques ou de physique. Si votre professeur ne parle pas anglais, n'hésitez pas à lui demander de la rédiger en français dans un premier temps. Vous pourrez la faire traduire par un traducteur ou un professeur d'anglais ensuite.

Conseil n° 3 – Regarder quel format est demandé pour la lettre

Chaque université et chaque pays ont leurs propres spécificités pour les lettres de recommandation. Avant de solliciter vos référents, il est donc important de passer du temps à étudier le format demandé par les universités visées.

Généralement, ce document d'une page se rédige en **quatre étapes** :

- **1re étape :** une lettre de recommandation doit tout d'abord préciser **le rôle** que le professeur a joué auprès de l'élève et mentionner éventuellement le nombre d'années durant lesquelles il a été son enseignant ;
- **2e étape** : motivé, dynamique, sérieux, rigoureux, consciencieux, volontaire… Cette lettre devra lister les **compétences et qualités réelles de l'étudiant** afin d'appuyer son dossier de candidature

auprès du jury. Le vocabulaire employé doit être précis et décrire au mieux le profil du candidat, en étant le plus positif possible ;
- 3e **étape :** expliquer en quoi l'étudiant constitue une valeur ajoutée pour l'université et **inviter le jury à accepter sa candidature** ;
- 4e **étape** : le professeur peut proposer au jury de **prendre contact** avec lui s'il souhaite obtenir davantage d'informations au sujet de l'étudiant et signe le document.

Conseil n° 4 – Faire une demande en bonne et due forme

Il ne suffit pas de croiser un professeur dans le couloir pour lui demander à pied levé, une lettre de recommandation. Il est recommandé de **prendre rendez-vous avec votre professeur** afin de lui exposer de vive voix votre projet et vos motivations. Cette option sera probablement davantage appréciée par votre professeur qu'un simple mail.
Avant votre rendez-vous, prenez bien soin de réfléchir à votre projet en détail, de justifier le choix du cursus et de l'université que vous visez.
Vous pourrez préciser sur un document écrit tous les éléments qui vous semblent pertinents à inclure dans la lettre. Par exemple :
- **des exemples de projets en groupe en lien avec le cursus visé**. Cela démontrera votre capacité à travailler en groupe et à faire preuve d'initiative et de leadership ;
- **vos résultats obtenus dans les matières liées au cursus visé** jusqu'à présent, une indication de votre classement (particulièrement si vous êtes dans le premier tiers de la classe) et votre potentiel académique pour réussir dans un cursus de ce type à l'université ;
- **des exemples de travaux individuels** (dissertation, examens, exposés…) que vous avez particulièrement bien réussi afin de montrer votre capacité à travailler de manière indépendante et structurée, vos qualités d'analyse, de réflexion et de rédaction ;
- **des exemples de projets en dehors du cadre scolaire** afin d'illustrer votre curiosité intellectuelle et votre ouverture d'esprit ;
- **des exemples de votre implication dans la vie de la classe et du lycée** de manière générale (délégué de classe, membre actif ou président d'un club ou d'une association…). Cela permettra en effet

de montrer que vous serez également très impliqué et actif dans la vie de votre future université ;
- **des exemples des qualités à mettre particulièrement en avant pour le programme recherché.** Pour cela, n'hésitez pas à passer du temps sur la page du cursus afin d'identifier les qualités ou expressions qui reviennent régulièrement pour parler des étudiants du programme.

N'hésitez pas à être exhaustif dans votre document : plus les éléments que vous donnerez à votre professeur seront précis et détaillés, plus il sera ensuite facile pour ce dernier de rédiger une lettre personnelle et convaincante.
N'oubliez également pas de préciser le délai dans lequel la lettre doit être rédigée. Il est recommandé de demander à votre professeur de la rédiger sur ordinateur afin de pouvoir la partager et la modifier plus facilement.

Conseil n° 5 – Ne pas oublier de remercier votre professeur

Après avoir obtenu et envoyé votre candidature, n'oubliez pas de **remercier votre professeur** chaleureusement et de le tenir informé de l'évolution de votre processus d'admission.

PARTIE III

BOOSTER VOTRE CANDIDATURE ET PRÉPARER LES EXAMENS D'ADMISSION

1| COMMENT VOUS PRÉPARER ET RENFORCER VOTRE CANDIDATURE AVANT D'ENVOYER VOS DOSSIERS ?

La préparation de vos dossiers de candidature est la dernière étape pour intégrer des universités à l'étranger. Elle n'est en réalité que la concrétisation et la mise en forme de tous les efforts académiques, expériences et activités extrascolaires que vous aurez réalisés depuis de nombreuses années !

Il ne faut donc pas attendre la classe de terminale pour enrichir votre profil à la fois scolaire, mais aussi en dehors de ce cadre. Cela doit être anticipé bien en amont – dès la classe de seconde, voire dès la troisième pour les universités particulièrement sélectives ! Il va sans dire que si vous visez une université ou un cursus très sélectif, l'excellence scolaire est un prérequis indispensable ! Vous devrez donc avant tout **viser l'excellence tout au long de votre lycée** (et même dès la troisième pour les États-Unis).

Bien choisir vos enseignements de spécialité en première et terminale

Par ailleurs, il est très important de vérifier les prérequis académiques des voies que vous envisagez après votre bac afin de faire les bons choix de spécialité en première et en terminale ! Pour vous aider, nous avons créé un tableau récapitulatif pour un grand nombre de cursus.

Il est toutefois important de vous renseigner directement auprès des universités pour vous assurer que cela est bien le cas pour le cursus visé.

Développer votre curiosité et votre intérêt pour le domaine d'étude envisagé

Dans de nombreux pays comme les États-Unis ou les *university colleges* aux Pays-Bas, les activités extrascolaires comptent presque tout autant que les résultats académiques. Il est donc indispensable de consacrer du temps à vos activités en dehors du cadre scolaire : être

Cursus visé	Enseignements de spécialité conseillés en première	Enseignements de spécialité conseillés en terminale
Cursus scientifique : ingénieur, maths, physique, informatique, architecture...	• *Mathématiques* • *Physique-chimie* • *Sciences de l'ingénieur (SI) ou sciences de la vie et de la terre (SVT) ou numérique et science informatique (NSI)*	• *Mathématiques* • *Physique-chimie ou NSI (uniquement pour cursus d'informatique)* *Mathématiques expertes en option (recommandé)*
Cursus médical ou paramédical : médecine, vétérinaire, kinésithérapie, chirurgie dentaire...	• *Mathématiques* • *Physique-chimie* • *Sciences de la vie et de la terre (SVT)*	1. *Sciences de la vie et de la terre (SVT)* 2. *Physique-chimie (PC)* *Mathématiques complémentaires en option (obligatoire)* *ou* 1. *Mathématiques* 2. *Sciences de la vie et de la terre (SVT)* *Mathématiques expertes en option (obligatoire)*
Cursus économique ou commerce	1. *Mathématiques* 2. *Autres spécialités parmi histoire-géographie, géopolitique et sciences politiques (HGGSP) ou sciences économiques et sociales (SES) ou autres spécialités possibles*	• *Mathématiques* • *Autre spécialité possible* *Mathématiques expertes en option (facultatif)* *ou* • *Autre spécialité possible* • *Autre spécialité possible* *Mathématiques complémentaires (obligatoire)*

Cursus visé	Enseignements de spécialité conseillés en première	Enseignements de spécialité conseillés en terminale
Cursus liberal arts et humanités	*3 puis 2 spécialités parmi :* • *humanités, littérature et philosophie (HLP) ou histoire-géographie, géopolitique et sciences politiques (HGGSP) ;* • *littérature, langues et cultures de l'Antiquité (LLCA) ou langues, littératures et cultures étrangères (LLCE) ;* • *autres spécialités possibles, y compris scientifiques ;* • *spécialité Mathématiques pour cursus avec des mathématiques* **Options possibles (facultatif) :** *langues et cultures de l'Antiquité (LCA), arts, droit et grands enjeux du monde contemporain, autres spécialités possibles*	
Cursus droit ou sciences sociales : sciences poli-tiques, relations internationales...	*Choisir 3 puis 2 spécialités parmi :* 1. histoire-géographie, géopolitique et sciences politiques (HGGSP) ; 2. sciences économiques et sociales (SES) ou humanités, littérature et philosophie (HLP) ; 3. langues, littératures et cultures étrangères (LLCE) ; 4. autres spécialités possibles.	

bénévole pour une association, être membre d'un ou plusieurs clubs au lycée, faire du sport, acquérir des expériences professionnelles et faire preuve d'initiative en créant des projets !

De plus, pour certains pays comme le Royaume-Uni, il sera attendu de votre part que vous ayez déjà développé votre curiosité et vos connaissances dans le domaine d'études envisagé. Il est donc important de consacrer du temps à des lectures ou activités permettant de démontrer un intérêt pour les matières du cursus souhaité qui va au-delà du cadre scolaire.

Cela peut par exemple être démontré par les activités suivantes.

Assister à des conférences

Des sites comme YouTube contiennent des milliers de conférences en anglais dans tous les domaines imaginables (sciences, économie, philosophie, relations internationales, mathématiques...) que vous pourrez suivre gratuitement depuis chez vous. N'hésitez également pas à vous renseigner sur les conférences en présentiel qui pourraient avoir lieu près de chez vous au sein d'universités, de centres culturels ou *via* le site meetup.com par exemple.

Ressources utiles

- youtube.com
- meetup.com
- eventbrite.fr
- scienceshumaines.com/agenda

Suivre des cours en ligne

Des plateformes comme Coursera proposent des cours d'introduction entièrement gratuits et réalisés par certains des meilleurs professeurs du monde dans leur domaine. Suivre un ou plusieurs cours en ligne est donc un excellent moyen de vous initier à certaines matières et de décider si elles sont faites pour vous !

Ressources utiles

- coursera.org

- edx.org
- khanacademy.org
- udemy.com

Écouter des podcasts

Il existe aujourd'hui des milliers de podcasts réalisés par des experts dans tous les domaines (philosophie, psychologie, sciences, histoire, littérature, sciences politiques...). La BBC propose par exemple de nombreux podcasts qui pourront vous permettre de développer votre curiosité en dehors du cadre scolaire.

Ressources utiles

- bbc.co.uk/podcasts
- hbr.org/podcasts
- economist.com/podcasts
- sciencemag.org/podcasts#
- thenakedscientists.com

Lire la presse, des blogs, revues et livres spécialisés

Poursuivre un cursus universitaire à l'étranger va généralement exiger de votre part de lire des milliers de pages de journaux, d'articles ou de livres académiques (en anglais ou dans une autre langue étrangère) sur votre sujet. Il est donc indispensable de vous habituer dès le lycée à lire régulièrement à propos de certains thèmes ou enjeux majeurs du domaine en question.

Parmi les revues fortement recommandées pour suivre l'actualité économique et politique, *The Economist* ou encore le *Financial Times*, *The New York Times* et *Foreign Affairs* sont des références.

Il existe de plus de nombreuses listes de livres en ligne proposées par les universités afin de vous guider et de vous conseiller dans vos lectures.

Ressources utiles

- economist.com
- ft.com
- nytimes.com

- theguardian.com
- hbr.org
- nature.com
- scientificamerican.com

Participer à des concours

Il existe de nombreux concours auxquels vous pourrez participer en tant que lycéen et qui permettront encore une fois de démonter vos capacités et votre intérêt pour le cursus envisagé (concours général, concours national de la Résistance et de la déportation ou encore olympiades de sciences ou de mathématiques). Vous pourrez également vous inscrire à des *essay competitions* en anglais organisés chaque année par certaines universités (comme l'association de sciences politiques ou d'économie de la London School of Economics) ou des organismes comme la *Royal Economic Society*.

Ressources utiles

- reseau-canope.fr/cnrd
- education.gouv.fr/olympiades-de-sciences-de-l-ingenieur-9548
- res.org.uk/education/young-economist-of-the-year.html
- blogs.lse.ac.uk/lseupr/essay-competition-2019

Faire preuve d'initiative et réaliser votre propre projet

Certains cursus (notamment en lien avec le commerce) valorisent particulièrement les étudiants avec un fort esprit entrepreneurial et qui prennent des initiatives – vous pourriez ainsi lancer un projet d'entreprise / start-up / application mobile / site internet / blog ou un projet de collecte de fonds pour une cause qui vous tient à cœur.

Par ailleurs, pour des cursus comme l'informatique, l'ingénierie, le design ou l'architecture, il sera généralement attendu de votre part que vous fassiez preuve de créativité et que vous ayez déjà développé vos propres projets artistiques ou informatiques (apprentissage de langage informatique, développement de programmes ou d'applications mobiles...) au cours du lycée.

Ressources utiles
- codecademy.com
- wix.com

Créer ou rejoindre une association

Il existe souvent des clubs ou initiatives au sein de votre lycée, que vous pourriez rejoindre ou même créer (le journal de l'école, un système de tutorat pour aider les étudiants plus jeunes, un club de débat ou Model United Nations, un club de maths ou d'informatique par exemple). Vous pourriez également faire du bénévolat en dehors du cadre scolaire, vous investir dans une cause ou rejoindre un parti politique pendant l'année ou l'été. N'hésitez pas à vous renseigner auprès de votre lycée, de votre mairie ou d'associations.

Ressources utiles
- tousbenevoles.org
- samusocial.paris/devenir-benevole
- restosducoeur.org/devenir-benevole
- my.unicef.fr/contenu/deviens-jeune-ambassadeur-de-lunicef-france

Devenir délégué de classe ou membre du conseil de la vie lycéenne

Se faire élire comme délégué de classe, éco-délégué ou participer au conseil de la vie lycéenne sont encore d'autres moyens de démontrer vos capacités de leadership et votre désir de contribuer à la vie de votre classe et de votre lycée.

Faire un ou plusieurs stages d'observation

Pour certains cursus à vocation professionnelle (commerce, médical, paramédical, ingénieur ou encore droit), réaliser un ou plusieurs stages d'observation dans des structures liées à la voie envisagée est encore un moyen de renforcer votre candidature et de démontrer votre motivation.

S'inscrire à une *summer school*

Participer à des cours d'été (ou *summer schools)* à l'étranger autour d'un thème lié à votre cursus peut à la fois vous permettre de développer votre intérêt pour le diplôme envisagé mais aussi de perfectionner votre anglais.

Ressources utiles

– debatechamber.com/summerschools

Établir un rétroplanning détaillé

Afin d'élaborer votre projet d'études à l'étranger dans les meilleures conditions, la planification est fondamentale ! Il est donc indispensable de bien avoir en tête les dates limites de candidature et d'élaborer un rétroplanning précis afin de soumettre les différents éléments de votre dossier en temps et heure.

Il est important d'élaborer votre rétroplanning d'admission en vous fixant des objectifs précis pour chaque année :

- saisir toutes les opportunités d'améliorer vos compétences en langues (en anglais mais aussi dans d'autres langues vivantes) et de renforcer vos activités extrascolaires ;
- vérifier les dates auxquelles vous devrez envoyer vos dossiers et les documents à fournir ;
- vérifier la liste de tous les tests que vous devrez passer et prévoir suffisamment de temps pour pouvoir les repasser si nécessaire.

Vous trouverez ci-après un tableau récapitulatif des principales échéances à l'étranger pendant votre année de terminale.

Pays ou universités	Date limite de dépôt des candidatures
Royaume-Uni (UCAS)	
Candidature à Oxford ou Cambridge ou pour des études de médecine, chirurgie dentaire ou vétérinaire Inscription aux tests pour Oxford et Cambridge	*15 octobre à 18 h (heure locale)*
Candidature à toutes les autres universités ou cursus	*15 janvier à 18 h (heure locale)*
États-Unis (Common Application)	
Candidature anticipée (early decision ou early action)	*1er novembre à minuit (heure locale)*
Candidature régulière (regular decision) *pour la majorité des universités américaines*	*1er janvier à minuit (heure locale)*
Canada	
Candidatures à McGill, Polytechnique Montréal, UBC, Toronto… *Réception d'éventuels documents complémentaires (résultat IELTS ou TOEFL)*	*15 janvier* *15 mars*
Candidature à Concordia	*2 mars*
Candidature à l'université de Montréal	*1er février*

Pays ou universités	**Date limite de dépôt des candidatures**
Candidature à HEC Montréal	*15 février*
Candidature à UQAM	*15 avril ou 1er mai (selon le cursus)*
Pays-Bas	
Candidature Studielink à Rotterdam School of Management (RSM) *Envoi du formulaire OLAF pour RSM*	*15 janvier avant minuit (heure locale)* *31 janvier avant minuit (heure locale)*
Candidature à University College Utrecht	*15 décembre (early) ou 1er février (general)*
Candidature à Amsterdam University College	*1er décembre (early) ou 1er février (general)*
Majorité des autres cursus universitaires	*1er avril ou 1er mai*
Suisse	
EPFL ou HEC Lausanne	*30 avril*
Irlande (CAO)	
Inscription sur CAO	*20 janvier (early), 1er février (normal) et 1er mai (late)*

2| QUELS EXAMENS PRÉPARER POUR PARTIR ÉTUDIER À L'ÉTRANGER ?

Étudier à l'étranger implique généralement de maîtriser la langue de votre pays d'accueil ou de cursus que vous souhaitez rejoindre.
Pour un grand nombre de cursus en anglais, il va notamment être exigé de votre part que vous passiez un test d'anglais tel que le **TOEFL** ou l'**IELTS**.
Pour les États-Unis et certains cursus en Europe (comme la Bocconi), vous devrez également passer un test standardisé comme le **SAT** ou l'**ACT**.

Faut-il toujours passer un test d'anglais ?

Si les universités et cursus anglophones ouvrent tous leurs portes aux étudiants étrangers, ils exigent néanmoins que ces derniers prouvent leur aptitude à suivre un cursus universitaire entièrement en anglais. Il vous faudra donc passer un examen d'anglais afin de justifier de votre niveau.
Certaines exemptions peuvent être accordées à des étudiants ayant reçu un diplôme international comme l'*International Baccalaureate* (IB), l'Option internationale du baccalauréat (OIB) ou ceux qui ont suivi plus de 50 % de leur scolarité en anglais. De plus, dans certains cursus et universités au Royaume-Uni, une note au bac à l'épreuve d'anglais supérieure à 13 ou 14/20 pourrait éventuellement être suffisante (à King's College London, UCL, Manchester ou Warwick, par exemple).
Toutefois, pour la majorité des cursus, nous vous recommandons de préparer un examen d'anglais officiel. Les examens les plus courants sont l'IELTS (version académique), le TOEFL iBT et le Cambridge Advanced English (CAE) ou Cambridge Proficiency English (CPE) mais il en existe également d'autres, tels que le Pearson Test of English (PTE) et même le Duolingo English Test.
Il est préférable de vous renseigner sur les sites des universités et cursus que vous souhaitez intégrer pour savoir quel test passer, mais généralement l'IELTS ou le TOEFL sont systématiquement reconnus.

Quels sont les différents tests reconnus ?

IELTS, TOEFL ou C2 Proficiency ?

L'examen le plus courant pour étudier au Royaume-Uni est l'IELTS Academic. Le score minimum requis se situe généralement autour de 6,5 ou 7 sur un maximum de 9, ce qui correspond à une bonne voire très bonne maîtrise de la langue (soit un B2-C1 selon le cadre européen commun de référence pour les langues), à l'écrit comme à l'oral.
De plus, les universités demanderont généralement d'obtenir un score minimum à chacune des quatre sous-épreuves du test (*listening*, *speaking*, *reading*, *writing*).
Vous trouverez ci-dessous un tableau comparatif de l'IELTS avec trois autres examens d'anglais : le TOEFL et le C1 Advanced (CAE) ; C2 Proficiency (CPE).

Nom de l'examen	IELTS Academic	TOEFL iBT	C1 Advanced ; C2 Proficiency
Nom complet	*International English Language Testing System*	*Test of English as a Foreign Language*	*Cambridge Advanced ; Cambridge Proficiency*
Pays dans lequel il est le plus utilisé	*Europe / Royaume-Uni*	*Amérique du Nord*	*Europe / Royaume-Uni*
Valable pendant	*2 ans*	*2 ans*	**Pas de date d'expiration (les universités demanderont généralement un score assez récent)*
Destiné à	*Tous les étudiants*	*Tous les étudiants*	*Étudiants plus avancés en anglais (niveau C1-C2)*

Nom de l'examen	IELTS Academic	TOEFL iBT	C1 Advanced ; C2 Proficiency
Format	*4 parties distinctes :* • *oral* (speaking) ; • *écoute* (listening) ; • *lecture* (reading) ; • *écriture* (writing). *Pas d'exercice de grammaire.* *Accent de l'audio plus britannique/australien.*	*4 parties avec certaines épreuves qui mélangent l'oral avec l'écoute et la lecture* (integrated speaking, integrated writing) *:* • *oral* (speaking); • *écoute* (listening); • *lecture* (reading); • *écriture* (writing). *Accent de l'audio plus nord-américain.*	*4 parties distinctes :* • *oral* (speaking) ; • *écoute* (listening) ; • *écriture* (writing) ; • *lecture et grammaire* (reading and use of English). *Accent de l'audio plus britannique/australien.*
Sur papier ou sur ordinateur	*Sur papier ou sur ordinateur ; la partie* speaking *est en personne.*	**Sur ordinateur (ou papier lorsque les ordinateurs ne sont pas disponibles) ; clavier QWERTY ; partie* speaking *sur un ordinateur.*	*Sur papier ou sur ordinateur.*

Nom de l'examen	IELTS Academic	TOEFL iBT	C1 Advanced ; C2 Proficiency
Nombre de versions	*La version Academic est destinée à l'université.*	1	1
Durée du test	*Environ 2 h 45 ; avec une coupure avant la partie speaking.*	*Environ 3 heures ; avec 10 minutes de pause ; la durée des parties reading et listening peut varier.*	*Environ 4 heures.*
Fréquence des sessions	*Plusieurs fois par mois.*	*50 fois par an.*	*Une fois par mois.*
Échelle de note	*1 à 9 (4 tests notés séparément sur une échelle de 1 à 9 ; le score final est une moyenne).*	*0 à 120 (4 scores de tests séparés sur une échelle de 0-30).*	*Note de A ou B pour niveau C1 Advanced ; A, B, C pour C2 Proficiency.*

L'IELTS pour vos études en Europe, le TOEFL pour l'Amérique du Nord ?

Comme vous aurez pu le remarquer dans le tableau, l'IELTS est généralement proposé au format papier, même si la version sur ordinateur commence à se répandre. De plus, vous devrez aussi passer la partie orale (*speaking*) du test face à un examinateur réel – et non pas devant un ordinateur, comme c'est le cas pour le TOEFL, où vos réponses à l'oral seront enregistrées.

Vous pouvez également être soulagé car l'IELTS ne testera pas directement votre grammaire, même si grammaire et orthographe font partie des critères d'évaluation dans chaque section du test, tout comme la richesse de votre vocabulaire, la qualité de vos transitions et la cohérence et l'originalité de vos propos et pour la partie orale, votre prononciation. Enfin, l'IELTS ne teste pas seulement les candidats de niveaux C1 and C2, comme cela est le cas pour les deux autres tests de Cambridge (*advanced* et *proficiency*).

Bien qu'un niveau C1 soit souvent requis par les universités étrangères dans leur offre d'admission, il n'est néanmoins pas impossible d'être admis avec un score moins élevé. De plus, si vous souhaitez postuler à une *foundation year*, vous pourrez également être admis avec un score de 5 à 5,5. Une raison supplémentaire de privilégier l'IELTS pour vos études au Royaume-Uni !

Où et quand passer ces examens ?

Rassurez-vous, il n'est pas nécessaire de se rendre aux États-Unis ou en Angleterre pour passer un **test d'anglais standardisé**. De fait, des sessions d'examen sont organisées un peu partout dans le monde. Il vous suffit de consulter le site web de chacune de ces organisations pour trouver le centre d'examen le plus proche de chez vous. Les sessions d'examen pour le TOEFL et l'IELTS sont relativement fréquentes (plusieurs fois par mois en France). Quant au ACT et SAT, plusieurs dates sont prévues chaque année pour les étudiants français.

Notre conseil : n'attendez pas la dernière minute pour passer un test d'anglais. Il est en effet assez courant de devoir s'y reprendre à plusieurs reprises avant d'obtenir le score exigé par l'université que vous souhaitez intégrer.

Il faudra généralement attendre une quinzaine de jours pour obtenir vos résultats donc prévoyez de passer le test au plus tard 15 jours avant la date limite pour soumettre votre dossier de candidature.

En général, pour le Royaume-Uni, vous aurez généralement jusqu'à la fin du mois de juillet de votre année de terminale pour soumettre vos résultats à l'université que vous souhaitez intégrer. En revanche, pour les États-Unis, les universités exigent la plupart du temps que les résultats du test d'anglais leur parviennent au moment de soumettre votre candidature sur Common App (en général avant le 1er novembre pour la *early decision/early action* et avant le 1er janvier pour la *regular decision)*. Pour le Canada, vous aurez en général jusqu'au 15 mars de votre année de terminale pour leur envoyer.

Pour choisir entre l'IELTS et le TOEFL, nous vous recommandons d'effectuer un test blanc complet des deux afin d'identifier l'examen le plus adapté à votre profil et à vos forces !

L'IELTS en détail

Qu'est-ce que l'IELTS ?

IELTS est l'acronyme d'*International English Language Testing System*. Il s'agit d'un test standardisé de 2 h 45 destiné à évaluer le niveau d'anglais à des fins universitaires (IELTS Academic Test) ou pratiques et professionnelles (IELTS General Training Test). Pour des études universitaires, il vous faudra choisir la version Academic du test.

Les candidats à l'IELTS sont soumis à deux types d'évaluation visant à apprécier leur expression et leur compréhension de la langue. Chacune de ces compétences fait l'objet d'une double évaluation écrite et orale. Les étudiants sont notés sur une échelle allant de 1 à 9. Plus le score est élevé, plus le niveau du candidat est jugé bon. Le score obtenu à l'IELTS est valable deux ans.

■ Comment s'inscrire à l'IELTS ?

Passer l'IELTS a un prix : 235 €.
Le British Council vous permet de vous inscrire à l'IELTS directement *via* son site internet. Afin d'obtenir le créneau souhaité, nous vous recommandons de réserver votre session d'IELTS environ deux mois avant la date effective de l'examen.

■ Dans quelles villes de France peut-on passer l'IELTS ?

En France, le nombre de sessions d'IELTS prévues varie d'une ville à l'autre. Ainsi, à Paris, environ trois dates d'examens sont proposées chaque mois, contre une seule session mensuelle à Nice.
Comment se préparer à l'IELTS ?
La structure de l'examen IELTS est composée de **quatre épreuves** qui visent à évaluer des compétences spécifiques :
– *listening :* compréhension orale (30 minutes) ;
– *reading* : compréhension écrite (1 heure) ;
– *writing* : expression écrite (1 heure) ;
– *speaking* : expression orale (entre 10 et 15 minutes).

La quantité de travail à abattre peut paraître très importante par rapport au temps imparti. Les deux premières épreuves de compréhension orale et écrite se présentent sous forme de QCM de 40 questions chacune.
Il est fortement recommandé de répondre à toutes les questions posées, même en cas de doute, car les réponses erronées ne sont pas pénalisées.
Il est indispensable de bien se préparer à l'examen pour se familiariser avec l'ensemble des épreuves que vous aurez à passer le jour J. Comprendre le fonctionnement de ce test d'anglais et connaître son déroulement vous permettra d'aborder les épreuves plus sereinement et ainsi de maximiser vos chances d'obtenir le meilleur score possible. Avant de commencer à vous préparer à l'IELTS, il est primordial d'évaluer votre niveau d'anglais. Nous vous recommandons donc de

passer un examen IELTS blanc complet pour ce faire. Il sera ainsi plus simple d'estimer le chemin qu'il vous reste à parcourir pour atteindre votre objectif. Rappelons que bon nombre d'universités à l'étranger exigent un score minimum à l'IELTS ou à un autre test d'anglais, à défaut de quoi, votre dossier de candidature ne pourra être retenu. À titre d'exemple, un score de 7,0 de moyenne (et 7 dans chaque sous-épreuve) sera exigé pour la London School of Economics (LSE) ; 7,5 pour l'université d'Harvard ou encore 6,5 pour l'université de McGill. Sachez que vous pourrez passer le test autant de fois que nécessaire jusqu'à atteindre le score demandé.
Tous les moyens sont bons pour améliorer votre niveau d'anglais : cours particuliers ou échange linguistique, lectures en tous genres (articles, romans, essais...), visionnage de films en anglais avec des sous-titres en anglais, entraînement à la rédaction... Il est important de familiariser votre oreille à la langue ainsi qu'à l'accent qui s'y rattache car au cours de ce test d'anglais, votre capacité de compréhension sera mise à l'épreuve.
Votre niveau en anglais est donc déterminant pour la réussite de votre examen IELTS. Rappelons toutefois que ce test d'anglais a une configuration assez particulière et qu'il est important de comprendre la structure de l'examen et d'être informé des critères de notation de l'IELTS afin de ne pas être pris au dépourvu le jour de l'examen.

Enfin, après avoir amélioré votre niveau en anglais et bien pris connaissance du déroulement exact de l'épreuve, n'hésitez pas à vous soumettre à nouveau à une ou plusieurs simulations complètes de l'IELTS afin de vous assurer que vous êtes fin prêt à vous présenter à l'examen.
Pour être efficace, votre **préparation à IELTS** doit être **méthodique et structurée.**
Afin d'obtenir le résultat escompté, vous devrez **travailler régulièrement et consciencieusement.**

Voici quelques **conseils de nos experts** pour réussir l'IELTS :

- **révisez votre grammaire :** c'est la base pour bien comprendre, bien parler et bien rédiger en anglais. Revoir les règles de grammaire et de syntaxe inhérentes à cette langue est donc une étape indispensable pour **passer l'IELTS**. Vous pouvez par exemple consulter un livre de référence tel que *Understanding and Using English Grammar* de Betty S. Azar et Stacy A. Hagen, ou encore le contenu *Grammar* sur le site khanacademy.org (ce contenu n'est disponible que sur la version anglaise du site https://www.khanacademy.org/humanities/grammar"). Certaines plateformes payantes en ligne telles que Magoosh proposent également des cours sur l'IELTS avec des vidéos dédiées à la grammaire. Vous pouvez également trouver de nombreux cours d'IELTS sur la plateforme Udemy ;
- **habituez votre oreille à l'anglais :** pour être à l'aise lors des **épreuves d'expression et de compréhension orale de l'IELTS**, il est important de vous **familiariser avec la langue et d'apprivoiser l'accent (plutôt britannique, écossais, australien)** qui s'y rattache. Au cours des quelques semaines précédant l'examen, n'hésitez pas à écouter la radio en anglais, regarder des films ou séries en version originale ou encore à discuter en anglais avec des personnes maîtrisant la langue. Il est important d'être régulier et d'identifier des ressources qui vous intéressent réellement et que vous aurez envie d'écouter ou de regarder tous les jours ;
- **faites des simulations :** afin de comprendre la **structure de l'IELTS**, il est fortement recommandé de se soumettre à des **examens blancs**. Mettez-vous en condition : installez-vous dans un **endroit calme** et **chronométrez les épreuves**. De cette manière, vous saurez si vous êtes prêt à **passer ce test** et pourrez cibler davantage votre **entraînement** sur les épreuves dans lesquelles vous devez encore progresser. Vous pourrez trouver un test blanc officiel sur le site du British Council à l'adresse suivante : https://takeielts.britishcouncil.org/take-ielts/prepare/free-ielts-practice-tests ;
- **utilisez des ressources fiables** : si Internet regorge d'**exercices d'entraînement à l'IELTS**, sachez que seules certaines ressources papier ou digitales méritent d'être retenues. Le site https://takeielts.

britishcouncil.org/take-ielts/prepare/books propose quelques outils de préparation à l'IELTS dont des manuels disponibles à l'achat. Nous citons l'*Official Cambridge Guide to IELTS* et *l'IELTS Trainer Six Practice Tests with Answers* de Cambridge English, ainsi que les nombreux exercices et les 10 tests officiels avec corrections. Mais vous pouvez également faire confiance aux éditions Cambridge (*Cambridge Vocabulary for IELTS Advanced Band 6.5+ With Answers*) ainsi que Barron's (*Essential Words for the IELTS : With Downloadable Audio* par Lin Lougheed) pour améliorer votre vocabulaire, qui constituent de bons supports d'entraînement à l'IELTS. Le service en ligne **Magoosh** propose également des tests blancs semblables à l'examen officiel. Étant donné le nombre limité de tests officiels en ligne disponibles, cela peut être un véritable plus. Il existe pléthore de sites ou chaînes YouTube sur l'IELTS, réalisés par des professeurs : nous recommandons le contenu de la très sympathique **IELTS Liz** (site ieltsliz.com, chaîne YouTube et e-books). Parmi les ressources en français, nous vous recommandons ***Réussir le test IELTS***, 2e édition, de Marie-Anne Le Guillou chez Ellipses.

Le TOEFL en détail

Le *Test of English as a Foreign Language*, plus communément appelé **TOEFL**, est un **test d'anglais standardisé** institué en 1964 par l'**ETS** (Educational Testing Service) qui vise à **évaluer les compétences linguistiques** des candidats dans une **démarche universitaire ou professionnelle**.
Plus de 35 millions de personnes se sont déjà soumises à ce test, reconnu aujourd'hui par **plus de 9 000 établissements** supérieurs à travers le monde pour évaluer avec précision les **capacités linguistiques en anglais des candidats**.
Pour mettre toutes les chances de votre côté et atteindre le score visé, une bonne **préparation au TOEFL** est indispensable.

▪ Qu'est-ce que le TOEFL ?

Le TOEFL est donc un test d'anglais standardisé reconnu par l'immense majorité des **universités anglo-saxonnes** et nécessaire à l'admission d'étudiants étrangers dans bon nombre d'établissements supérieurs.
Il existe **trois variantes** du TOEFL :
- le **TOEFL ITP** qui se présente sous format papier ;
- le **TOEFL iBT** qui s'effectue en ligne ;
- le **TOEFL iBT Special Home Edition** qui permet de passer le test depuis chez vous.

Le TOEFL ITP est destiné aux écoles et établissements supérieurs. En France, seule la version en ligne est proposée. Nous nous focaliserons donc sur le TOEFL iBT qui est la version la plus courante du test.
Le **TOEFL iBT** est constitué de **quatre épreuves** qui visent à **évaluer le niveau d'anglais de l'étudiant**. Plusieurs compétences sont testées lors de l'examen :
- *reading* : compréhension écrite (entre 54 et 72 minutes) ;
- *listening* : compréhension orale (entre 41 et 57 minutes) ;
- *speaking* : expression orale (17 minutes) ;
- *writing* : expression écrite (50 minutes).

Le TOEFL est évalué sur un total de **120 points.** À noter que le score idéal correspond à celui requis par l'établissement que vous souhaitez intégrer. Autrement dit, **le résultat obtenu au TOEFL ne détermine pas la réussite ou l'échec de l'examen** mais révèle votre niveau d'anglais à l'oral comme à l'écrit. Si vous n'êtes pas parvenu à obtenir le score visé, vous aurez la **possibilité de vous présenter autant de fois que nécessaire au TOEFL** à condition de maintenir un minimum de 12 jours d'écart entre les sessions.
Le score obtenu au TOEFL est valable deux ans.

■ **Pourquoi passer le TOEFL ?**

Le TOEFL est un **test d'anglais de niveau académique** reconnu par plus de 130 pays à travers le monde. Il permet de justifier d'un niveau d'anglais suffisant pour suivre un cursus universitaire en anglais, mais ce n'est pas sa seule utilité. Ce test d'anglais complet peut être requis dans le cadre d'un programme d'échange universitaire ou pour **entrer dans une université anglophone en bachelor ou en master.** À titre d'exemple, des universités comme Oxford vous demanderont généralement un score de 100 ou 110 selon le cursus et des scores minimum aux quatre sous-épreuves du test pouvant varier entre 22 et 25.

■ **Comment s'inscrire au TOEFL ?**

Il existe trois manières de s'inscrire au TOEFL iBT :
- **en ligne** *via* le site de **l'ETS** après création d'un profil, avec possibilité de payer en ligne ;
- **par téléphone :** rendez-vous sur le site du TOEFL et sélectionnez la ville dans laquelle vous souhaitez passer le TOEFL. Vous obtiendrez ainsi le numéro de téléphone correspondant au centre d'inscription de votre région. Vous pourrez également vous affranchir du montant dû avec votre carte de crédit ;
- **par courrier :** imprimez le formulaire d'inscription sur le site du TOEFL, complétez-le et retournez-le au centre d'inscription de votre région (RRC). Afin que votre inscription soit prise en compte, votre formulaire d'enregistrement doit parvenir à votre RRC environ un mois avant la date effective du TOEFL iBT.

Suite à votre **procédure d'inscription** vous recevrez une **confirmation** que vous devrez apporter le jour de l'examen en plus de votre carte d'identité.
Les **frais d'inscription** à l'examen du TOEFL diffèrent d'un pays à l'autre. En France, le TOEFL iBT coûte 255 $ (environ 235 €).

■ Dans quelles villes de France peut-on passer le TOEFL ?

En France, une **trentaine de centres d'examens**, répartis sur tout le territoire, proposent de passer le TOEFL iBT. Dans la plupart des cas, ce sont de grandes villes telles que Paris, Grenoble, Lyon, Marseille, Toulouse ou encore Strasbourg qui accueillent les candidats dans des centres de test TOEFL. Si vous résidez à Paris ou en région parisienne, vous pourrez passer l'examen dans le centre de l'ETS Global (Paris 9) ou à proximité à Évry, Levallois, Orly ou encore La Défense.

Pour consulter l'ensemble des emplacements des centres d'examen TOEFL iBT, vous pouvez vous rendre sur le site de l'ETS.

En moyenne, une **dizaine de sessions d'examen** sont ouvertes chaque mois à Paris et en province.

Sachez que les places sont très demandées et les candidats nombreux. **Nous vous recommandons donc de ne pas attendre la dernière minute pour vous inscrire.** Il est conseillé de **réserver sa place trois mois avant** la date effective du test. Le Special Home Edition est disponible 24 heures sur 24, 4 jours par semaine.

Notez également que les résultats seront délivrés entre une semaine et un mois après la date d'examen du TOEFL iBT. Si vous avez besoin des résultats pour votre dossier de candidature dans une université, prenez cette information en compte pour déterminer la date à laquelle vous devrez passer le TOEFL.

■ Comment se préparer au TOEFL ?

Le TOEFL est noté sur une base de 120 points répartis sur **quatre épreuves distinctes** visant à évaluer vos **capacités d'expression et de compréhension à l'écrit comme à l'oral.**

Chaque université est en droit d'exiger des candidats un **score minimum à ce test standardisé.** Généralement, plus le cursus requiert une capacité rédactionnelle importante, plus le niveau d'anglais requis est élevé et plus le score que vous devrez obtenir au TOEFL devra être élevé. Ainsi, les cursus de sciences sociales ou d'humanités exigent généralement des scores plus élevés que les cursus scientifiques.

Passer le TOEFL ne s'improvise pas. Pour atteindre le score imposé par l'université de votre choix, un seul mot d'ordre : l'**entraînement !** De fait, une bonne **préparation au TOEFL** vous permettra de :

- **vous familiariser** avec les différentes épreuves du test afin de ne pas être surpris par la **structure assez particulière de l'examen** ;
- **générer des automatismes** afin de **gagner du temps et d'éviter des erreurs** qui risqueraient d'altérer votre score ;
- **anticiper et comprendre** les questions posées au cours des **différentes parties du TOEFL iBT** ;
- **gérer correctement votre temps** durant le test car les épreuves sont **chronométrées** ;
- **envisager l'examen plus sereinement** et maximiser vos chances d'atteindre le score visé.

Même si vous estimez avoir un bon niveau de **langue, ne négligez pas votre préparation au TOEFL** car la singularité des épreuves s'avère déroutante même pour des natifs anglais et des bilingues. Nous vous recommandons de **commencer votre entraînement au TOEFL environ trois mois** avant la date effective de l'examen.

Si vous **passez le TOEFL** afin d'intégrer un cursus en anglais, renseignez-vous sur le score imposé par l'établissement. Une fois votre cible clairement repérée, il vous faudra **jauger votre niveau d'anglais**. Ainsi, vous serez à même d'estimer le chemin qu'il vous reste à parcourir pour atteindre votre objectif.

Pour être efficace, votre **préparation au TOEFL** doit être **méthodique et structurée.**

Pour obtenir le résultat escompté, vous devrez **travailler régulièrement et consciencieusement.**

Voici quelques **conseils** pour mener à bien ce projet :

- **révisez votre grammaire :** c'est la base pour bien comprendre, bien parler et bien rédiger en anglais. Revoir les règles de grammaire et de syntaxe inhérentes à cette langue est donc une étape indispensable pour passer le TOEFL iBT. Vous pouvez consulter un livre de référence tel que *Understanding and Using English Grammar* de Betty S. Azar et Stacy A. Hagen, le contenu *Grammar* sur le site khanacademy.org (ce contenu n'est disponible que sur la version anglaise du site https://www.khanacademy.org/humanities/grammar"). Certaines plateformes payantes en ligne telles que *Magoosh* proposent également des cours sur le TOEFL avec des vidéos de grammaire ;

- **habituez votre oreille à l'anglais :** pour être à l'aise lors des **épreuves d'expression et de compréhension orale du TOEFL iBT**, il est important de vous **familiariser avec la langue et d'apprivoiser l'accent** qui s'y rattache. Au cours des quelques semaines précédant l'examen, n'hésitez pas à écouter la radio en anglais, regarder des films ou séries en version originale ou encore discuter en anglais avec des personnes maîtrisant la langue. Il est important d'être régulier et d'identifier des ressources qui vous intéressent réellement et que vous aurez envie d'écouter ou de regarder tous les jours ;
- **faites des simulations :** afin de comprendre la structure du TOEFL, il est fortement recommandé de réaliser **des examens blancs**. Mettez-vous en condition : installez-vous dans un **endroit calme en chronométrant les épreuves**. De cette manière, vous saurez si vous êtes prêt à passer le test et pourrez cibler votre entraînement sur les parties pour lesquelles vous éprouvez le plus de difficultés. Vous pourrez trouver un test blanc officiel sur le site ETS à l'adresse suivante : www.ets.org/toefl/test-takers/ibt/prepare/tests ;
- **utilisez des ressources fiables :** si Internet regorge d'exercices d'entraînement au TOEFL, sachez que seules certaines ressources papier ou digitales méritent d'être retenues. Le **site de l'ETS** propose quelques outils de préparation au TOEFL et notamment des **vidéos** mais aussi des **manuels disponibles** à l'achat et **dix tests officiels avec la correction** (*Official TOEFL iBT Tests*, volumes 1 et 2, 4e édition). N'hésitez également pas à consulter les ouvrages de la *Princeton Review* qui donnent des stratégies pour bien organiser ses réponses à l'écrit et à l'oral et de Barron's, qui constituent de **bons supports d'entraînement au TOEFL iBT**.

Remarque : il est vivement conseillé de vous **inscrire à l'examen environ trois mois avant la *deadline*.** Vous aurez ainsi l'assurance d'obtenir vos résultats à temps pour les calendriers d'admission, même si vous avez à le passer à nouveau. Prévoir suffisamment à l'avance votre **date d'examen** vous permettra également de **choisir un centre d'examen à proximité de chez vous** et vous évitera ainsi des déplacements potentiellement contraignants et onéreux.

Tests standardisés pour les États-Unis : SAT ou ACT ?

Si vous décidez de partir étudier en bachelor aux États-Unis ou dans certaines universités comme la Bocconi ou la Stockholm School of Economics (SSE), il est fort probable que vous ayez à passer l'**ACT** (*American college testing*) ou le **SAT** (*Scholastic Assessment Test*). Quels sont ces examens, et comment savoir lequel choisir ? Lisez ce qui suit !

▪ Que sont les tests SAT et ACT ?

Le SAT et l'ACT sont tous deux des tests standardisés reconnus par l'ensemble des universités américaines. Les étudiants américains passent généralement ces examens au cours de leurs années de seconde, première et terminale – souvent plus d'une fois.
En effet, la plupart des universités exigent que vous passiez l'un de ces tests dans le cadre du processus d'admission à l'université. Le SAT et l'ACT ont pour objectif de permettre aux responsables des admissions des universités de comparer les candidats de manière plus objective.
Bien qu'il y ait de légères différences entre les examens, ils ont quelques points communs. Les deux examens couvrent aussi bien la lecture (*reading*), l'écriture (*writing*) que le raisonnement mathématique (*reasoning*). Chaque examen dure environ trois heures et vous pourrez passer les deux examens plusieurs fois afin d'améliorer votre score.
De manière générale, le SAT et l'ACT sont assez similaires, ce qui peut rendre difficile le choix du test à passer, mais il existe quelques différences importantes.

Les principales différences entre le SAT et l'ACT sont à la fois liées au contenu et à la notation.

- **Contenu du SAT et du ACT**

Section Lecture (*Reading*)

Dans la section Lecture (*Reading*), alors que le SAT tend à privilégier les textes un peu plus longs et plus complexes, les textes du ACT sont généralement plus simples. Cependant, le SAT vous donne également beaucoup plus de temps pour répondre à chaque question – environ 20 secondes de plus par question, en moyenne. Ne vous laissez donc pas décourager par les textes plus difficiles du SAT !

Cette section dans le SAT comprend également de nombreux tableaux et graphiques. L'ACT va également tester votre capacité à interpréter les données, mais uniquement dans la section sciences (qui n'existe pas dans le SAT), qui a pour but de tester votre capacité à lire et à interpréter des données scientifiques.

En tous les cas, les deux tests proposent des QCM pour la partie verbale. Il s'agit donc dans les deux cas d'identifier la réponse qui est **objectivement** juste.

Section Mathématiques (*Math*)

La section Mathématiques de ces deux tests présente également des différences de contenu.

Par exemple, le SAT comprend une section sans calculatrice alors que l'ACT vous donne la possibilité d'utiliser votre calculatrice pour chaque question. La section Mathématiques de l'ACT est également entièrement à choix multiples, alors que le SAT exige que vous produisiez vous-même certaines des réponses. Cela étant dit, certaines personnes trouvent la section mathématiques de l'ACT plus difficile en raison de l'accent mis sur la géométrie et la trigonométrie et de l'absence d'une feuille de formules au début du test.

Comme l'ACT vous donne également moins de temps par question, les personnes douées en calcul mental réussissent généralement mieux qu'au SAT.

Rédaction (*Writing*)

Une autre différence entre les deux tests réside dans la section Rédaction (*Writing*).

L'ACT vous demande d'écrire une rédaction convaincante dans laquelle vous devez exposer votre point de vue sur un sujet et utiliser des arguments et des exemples pour le défendre.

Pour le SAT, en revanche, vous devrez dans un premier temps lire une rédaction écrite par un autre auteur et expliquer la manière dont ce dernier a défendu son point de vue.

Si vous aimez construire votre argumentation, la rédaction de l'ACT pourrait être à votre goût ; si vous préférez analyser un texte, le SAT sera probablement le meilleur choix.

■ Notation des examens

Une différence majeure entre le SAT et l'ACT est sans doute la façon dont chaque examen est noté. Le **SAT** est noté sur une échelle de 1 600.

Votre score total à la section *Evidence-Based Reading and Writing* (EBRW) (sur 800) sera ajouté à votre score total à la section *Math* (également sur 800). Le score moyen au SAT est d'environ 1 050 mais les universités les plus sélectives exigent généralement un score minimum de 1 350, voire 1 450 pour les plus compétitives.

L'ACT, en revanche, est noté sur 36 ; vous obtiendrez un score entre 1 et 36 pour chaque section (anglais, mathématiques, lecture et sciences). Votre score global sera donc calculé en faisant la moyenne de vos quatre scores. La note moyenne au ACT est d'environ 21 mais les universités les plus sélectives demandent souvent un score supérieur à 31, voire à 33 pour les plus compétitives.

Points à retenir sur la notation de ces examens

Tout d'abord, un faible score à une des deux sections du SAT fera baisser votre note totale de manière plus significative qu'un faible score dans une des quatre sections de l'ACT.

Par exemple, supposons que vous obteniez un score parfait (800) dans la partie EBRW et le score le plus bas possible (200) dans la partie *Math*.

Vous obtiendrez alors une note totale de 1 000, ce qui ne constitue pas un score très compétitif.

En revanche, si vous obtenez la note la plus basse possible au test de mathématiques ACT (1) et une note parfaite dans les trois autres sections, vous obtiendrez un score total de 27 sur 36, ce qui est un score honorable au test.

L'immense majorité des universités nord-américaines reconnaissent le SAT et les plus sélectives d'entre elles exigent des candidats en bachelor, d'obtenir un score élevé à cet examen.

De plus, certains programmes de bachelor en Europe reconnaissent également le SAT ou l'ACT comme une alternative à leur propre examen d'admission (la Bocconi à Milan, l'ESADE à Barcelone ou l'IE à Madrid par exemple). Il pourrait donc aussi être judicieux de préparer le SAT ou l'ACT pour une de ces universités également.

■ **Qu'est-ce que le *SAT*?**

SAT est l'acronyme de *Scholastic Assessment Test*. Il s'agit d'un test standardisé qui dure 3 heures ou 3 h 50 si vous optez pour la rédaction facultative (*optional essay*). Il est destiné à évaluer les capacités de compréhension et de logique des étudiants (américains ou étrangers), principalement en vue d'intégrer une université américaine (ou une université internationale qui reconnaît aussi cet examen).

Les candidats au SAT sont soumis à trois types d'évaluations, notées entre 200 et 800, et visant à apprécier leur niveau global. Plus l'université visée est prestigieuse, plus la note obtenue au SAT doit généralement être élevée. Les étudiants admis dans certaines universités comme Harvard ou Stanford ont souvent obtenu des scores supérieurs à 1 500 sur 1 600 au SAT.

L'examen SAT est composé de plusieurs épreuves :

– *Reading Test* (compréhension écrite – 52 questions en 65 minutes) : il vous faudrait ici analyser des textes afin de compléter des phrases et de répondre à un certain nombre de QCM. Les thèmes des textes que vous aurez à lire couvrent aussi bien la littérature et l'histoire que les sciences. Il est donc important de vous entraîner à lire rapidement, tout en étant notamment capable d'identifier le thème global du texte, le sens de certains détails ou expressions et des mots de vocabulaire.

- *Writing and Language Test* (relecture et correction de texte – 44 questions en 35 minutes) : ce test d'anglais permet d'évaluer votre niveau de langue à travers la correction de phrases comportant des erreurs de grammaire, de vocabulaire et de syntaxe. Il sera souvent nécessaire de comprendre le sens de la phrase dans son contexte au sein du paragraphe. Quatre réponses possibles seront proposées dont la réponse *No Change* si vous pensez qu'il n'y a pas d'erreur dans la phrase en question.
- *Mathematics*, avec et sans calculatrice (mathématiques – 20 questions, 25 questions et 38 questions en 70 minutes, respectivement) : cette section vise à apprécier votre capacité de raisonnement et votre logique à travers des QCM de géométrie, d'algèbre, de probabilités et de statistiques. Toutes les notions auront normalement déjà été vues en classe

Selon l'université que vous souhaitez intégrer, vous aurez à passer, en plus du SAT commun, une à plusieurs options au cours d'un examen complémentaire appelé *SAT Subject Tests*.

■ Que sont les SAT *Subject Tests* ?

Pour intégrer certains départements universitaires spécifiques, il est possible que vous ayez à passer entre un et trois *SAT Subject Tests*, en plus du SAT commun. Il s'agit d'examens supplémentaires durant en moyenne 60 minutes, permettant d'évaluer vos connaissances dans certaines disciplines spécifiques (anglais, mathématiques, histoire, sciences et langues), déclinés en une vingtaine d'examens distincts.
Il est donc recommandé de vous renseigner pour savoir si les universités que vous visez demandent les *SAT Subject Tests* et le nombre d'examens à passer dans le type de cursus visé.

■ **Où et quand passer le SAT et les *SAT Subject Tests* ?**

Passer le SAT a un prix : il faut compter environ 60 € (64,50 $) pour la version avec *essay* et 44 € (47,50 $) pour la version sans *essay*. Ajoutez à cela 40 € (43 $) si vous souhaitez le passer en Europe.
Pour ce qui est du *SAT Subject Test*, comptez environ 24 € (26 $) et 20 € (22 $) par épreuve, ou 24 € (26 $) s'il y a une partie *listening*, et environ 42 € (46 $) supplémentaires si vous le passez en Europe.
En France, plusieurs établissements à Paris et en province proposent de passer le SAT à raison de quatre fois par an. N'hésitez pas à consulter le calendrier d'inscription sur le site du SAT afin de prendre connaissance des dates et des centres d'examens.

Les dates du SAT se situent généralement autour des périodes suivantes :
- 28-29 août (SAT et *Subject Tests*) ;
- 2-3 octobre (SAT et *Subject Tests*) ;
- 4-5 décembre (SAT et *Subject Tests*) ;
- 12-13 mars (SAT seulement) ;
- 7-8 mai (SAT et *Subject Tests*).

L'inscription au SAT et aux *SAT Subject Tests* se fait directement *via* la plateforme du College Board et doit être effectuée environ un mois avant la date effective de l'examen. Notez que le SAT et le *SAT Subject Tests* ne peuvent être effectués le même jour.

Attention
Vous devrez également prendre en compte les délais d'inscription dans l'université américaine de votre choix, de manière à pouvoir inclure votre score au SAT dans votre dossier d'admission. Généralement, vous obtiendrez votre résultat entre trois semaines et un mois, après avoir passé l'examen.

■ Où et quand passer le ACT ?

On peut généralement passer l'ACT cinq fois par an en France : septembre, octobre, décembre, avril et juin.
Il y a plusieurs centres d'examen en France à Paris et à Nice.
Pour s'inscrire au ACT, rendez-vous sur : global.act.org

■ Quel est le coût de l'ACT ?

L'ACT hors des États-Unis coûte 52 $ (environ 48 €) sans la partie *Writing* et 68 $ (environ 62 €) avec cette partie.

■ Comment se préparer à ces examens ?

Des examens comme le SAT ou le ACT peuvent être extrêmement déroutants. Le nombre de questions peut paraître important par rapport au temps imparti. Il faut être capable de gérer la pression générée par l'examen et obtenir le score demandé par les universités américaines que vous souhaitez intégrer.
Il est donc indispensable de vous familiariser avec le SAT ou l'ACT et de vous entraîner régulièrement, idéalement pendant 6 à 18 mois. Comprendre le fonctionnement du test, les concepts et les différents types de questions vous permettra d'aborder les épreuves plus sereinement et de maximiser vos chances de réussite.
Afin d'évaluer votre niveau initial au SAT ou à l'ACT, n'hésitez pas à effectuer les tests blancs officiels disponibles en ligne gratuitement sur les sites du College Board pour le SAT et ACT.org pour le ACT.

Quelques conseils de manuels et ressources pour vous préparer au SAT et à l'ACT

- **College Board :** sur le site du College Board, vous trouverez 8 tests officiels du SAT disponibles gratuitement et en ligne ! Rendez-vous sur : https://collegereadiness.collegeboard.org/sat/practice/full-length-practice-tests

De plus, le manuel officiel *Official SAT Study Guide*, plus connu sous le nom de *Blue Book* (livre bleu), est également 100 % téléchargeable sur le site du College Board. Il n'est donc pas nécessaire de l'acheter.

- **Khan Academy :** sur ce site, vous pourrez trouver des ressources gratuites pour réviser le SAT. Toutefois, il ne propose pas les mêmes astuces que les livres ci-dessous. Le College Board a beaucoup investi avec Khan Academy pour créer des contenus vidéo de qualité ayant pour but de démocratiser le SAT. Il vous suffit de créer un compte gratuit pour commencer à utiliser les ressources du site. Il est préférable de consulter la version anglaise du site car la version française n'est pas aussi complète.
- ***The Official ACT Prep Guide 2020-2021*** publié par Wiley : vous y trouverez notamment cinq tests blancs officiels. Ce livre n'est en revanche pas gratuit. Vous pourrez également trouver d'anciens examens officiels en ligne (en faisant une recherche en ligne de *ACT retired tests*). Vous serez généralement plus efficace si vous travaillez sur un test en PDF plutôt que sur l'interface numérique mise en avant par l'ETS, créateur de l'examen.
- **Le *Black Book* par Mike Barrett**, version ACT et SAT : ces deux manuels sont selon nous très intéressants, notamment en raison de leurs corrigés détaillés des quatre premiers tests blancs (**remarque :** le College Board ne recommande plus le SAT Practice Test 2 qui est pourtant toujours présent dans le livre de Mike Barrett). Ces livres étant très épais, opter pour la version en ligne peut être une bonne option. À noter que la version SAT et celle de l'ACT se ressemblent beaucoup.

  L'auteur cherche à vous montrer la logique de l'examen et le caractère objectif des réponses dans la section *Verbal* de ces deux tests. De plus, ses corrigés et explications détaillées des examens blancs, et ses explications des stratégies et fautes les plus courantes sont sans doute les aspects les plus intéressants de ces deux livres : *SAT Prep Black Book : The Most Effective SAT Strategies Ever Published* et *ACT Prep Black Book : The Most Effective ACT Strategies Ever Published.*
- **La série *The Ultimate Guide* par Erica L. Meltzer :** une série de manuels pour préparer **l'ACT et le SAT**. Il existe des versions des

livres pour les deux examens mais elles sont relativement proches. Le style du livre est simple et très scolaire, ce qui peut faciliter la compréhension. L'auteur couvre chaque aspect de la partie *Verbal* du test et propose de nombreuses questions pour s'entraîner de manière très ciblée (par exemple, *Vocabulary in Context*, une compétence très utile pour les sections *Reading* et *Writing and Language* du test). Ces livres sont uniquement disponibles en version papier : *4th Edition, The Ultimate Guide to SAT Grammar* et *4th Edition, The Complete Guide to SAT Reading, The Complete Guide to ACT® English, 4th Edition.*

- **Le Blog de Prep Scholar** (https://blog.prepscholar.com/) : une mine de ressources gratuites ! À lire par exemple : les articles sur les règles de grammaire à connaître pour la partie *Verbal*, les questions types du test avec des exemples, les erreurs les plus courantes à ne pas commettre ou encore la correspondance entre votre nombre de réponses justes et votre score au test. Le site est d'une très grande richesse donc n'hésitez pas à utiliser un moteur de recherche pour trouver des réponses à des questions précises, ce qui est souvent plus facile que de naviguer sur le site lui-même.
- **Magoosh :** nous apprécions cette plateforme en ligne pour son côté pratique avec des vidéos, de très nombreuses questions pour réviser et s'entraîner ainsi que des tests blancs. De plus, son prix est intéressant par rapport à d'autres programmes en ligne.

Un dernier mot

Ici nous n'avons cité que certaines de nos ressources préférées. Vous en verrez certainement d'autres (dont *The Princeton Review,* Barron's ou encore Manhattan Prep). Elles peuvent toutes vous être utiles et vous aider à organiser votre travail. Toutefois, gardez bien en tête que rien ne remplace le fait d'utiliser les tests blancs officiels ainsi que leurs corrigés !

De plus, il n'est pas inutile de dresser des listes des concepts que vous avez plus de mal à maîtriser. Par ailleurs, refaire un examen que vous avez déjà passé peut également vous permettre de gagner en confiance et vous entraîner à répondre aux questions dans le temps imparti.

Autres examens à passer pour étudier au Royaume-Uni

Pour la majorité des cursus à Oxford ou Cambridge ou pour certains programmes particulièrement sélectifs dans d'autres universités (la médecine, les mathématiques à Imperial College London, le droit ou certains cursus comme *International Social and Political Studies* à University College London par exemple), vous devrez passer un examen supplémentaire. Voici un rapide tour d'horizon des différents examens que vous pourriez avoir à passer pour intégrer certains cursus ou universités.

Le LNAT (*Law National Aptitude Test*) pour le droit

Le test LNAT sera requis si vous souhaitez rejoindre un cursus de Droit (*Law*) au sein des universités de Bristol, Durham, Glasgow, King's College London, LSE, Nottingham, Oxford, SOAS ou encore UCL. Votre score au LNAT sera un élément déterminant dans l'évaluation de votre dossier de candidature.
Si vous visez certaines universités particulièrement sélectives, il vous faudra vous efforcer d'obtenir un score supérieur ou égal à 27/42 à ce test exigeant.
Vous devrez généralement vous inscrire à ce test avant le 15 octobre si vous souhaitez candidater à l'université d'Oxford ou le passer avant le 20 janvier au plus tard pour toutes les autres universités. Notez bien que vous ne pouvez le passer qu'une seule fois.
Pour plus d'informations
www.lnat.ac.uk
The Ultimate LNAT Collection de UniAdmissions et le site Arbitio – une préparation en ligne – pourront vous être utiles dans votre préparation pour cet examen.

Le UCAT (*University Clinical Aptitude Test*) ou le BMAT (*Biomedical Admissions Test*) pour la médecine

Le test UCAT est requis pour tous les étudiants souhaitant rejoindre un cursus de médecine ou médecine dentaire au sein d'universités comme Bristol, Birmingham, Manchester, Warwick, Edinburgh, Exeter, King's College, Queen Mary ou encore St Andrews.
Si vous visez certaines universités particulièrement sélectives, il vous faudra vous efforcer d'obtenir un score supérieur à 700 à ce test.
Vous devrez généralement vous inscrire à ce test avant la mi-septembre et le passer avant le 2 octobre au plus tard.
Pour plus d'informations
www.ucat.ac.uk.

Le test BMAT est requis pour tous les étudiants souhaitant rejoindre un cursus de médecine ou médecine dentaire au sein des universités comme Oxford, Cambridge, UCL, Imperial, Leeds, Manchester, Lancaster, Brighton and Sussex ou encore Keele.
Vous devrez généralement passer le test au début du mois de septembre ou au début du mois de novembre (obligatoirement en novembre pour Oxford) de votre année de terminale.
Pour plus d'informations
admissionstesting.org/for-test-takers/bmat
La plateforme en ligne Medify.co.uk pourra également vous être utile dans la préparation de ces examens.

Parmi les autres tests que vous pourriez avoir à passer, on peut également mentionner le TSA (*Thinking Skills Assessment*), le CAT (*Classics Admissions Test*), l'ELAT (*English Literature Admissions Test*), le GAT (*Geography Admissions Test*), le HAT (*History Aptitude Test*), le MAT (*Mathematics Admissions Test*) ou le STEP (*Sixth Term Examination Paper) Mathematics*, le MLAT (*Modern Languages Admissions Test*), le OLAT (*Oriental Languages Aptitude Test*), le PAT (*Physics Aptitude Test*), le *Philosophy Test*, le *Fine Art Practical* ou encore le *Music Performance Test*.
N'hésitez pas à vous renseigner auprès de l'université ou à consulter leur site pour en savoir plus sur les tests que vous devrez passer.

3| PRENDRE UNE ANNÉE DE CÉSURE OU UNE *GAP YEAR*

Que ce soit pour prendre du temps pour réfléchir à votre projet d'orientation ou au type de cursus que vous souhaitez vraiment poursuivre, pour acquérir des expériences professionnelles, faire du bénévolat, voyager, mettre de l'argent de côté, améliorer votre niveau d'anglais ou vos résultats au bac, il existe de nombreuses raisons qui peuvent encourager certains étudiants à prendre une année de césure ou *gap year*. Ce phénomène est d'ailleurs très courant dans les pays anglo-saxons, et il est d'ailleurs même possible, au moment du processus de candidature sur UCAS au Royaume-Uni et même désormais sur Parcoursup en France de différer votre admission d'un an, c'est-à-dire d'être considéré pour une place à l'université un an plus tard.
Toutefois, l'année de césure peut effrayer certains et être considérée comme une année « à ne rien faire ». En réalité, certains d'entre vous ont besoin de prendre du temps dans plusieurs buts : mieux vous connaître, identifier vos talents ou encore vivre de nouvelles expériences pour trouver votre voie. Il ne s'agit donc évidemment pas de ne rien faire pendant un an !
Comment donc mettre cette année à profit et faire en sorte qu'elle soit aussi riche en expériences et en apprentissage que possible ? Expériences professionnelles, classe préparatoire, voyages, bénévolat à l'étranger... nous vous proposons un petit tour d'horizon de certaines options qui s'offrent à vous si vous envisagez d'effectuer une année de césure.

Faire un séjour linguistique ou une année de *foundation year* à l'étranger

Il existe de nombreux programmes à l'étranger et notamment au Royaume-Uni, dits de *foundation year*, dont l'objectif est de vous préparer aux études universitaires. Parmi les programmes de *foundation year* les plus réputées, on peut notamment citer à Londres ceux du King's College London (www.kcl.ac.uk/study/foundations/

internationalfoundation), de Durham (www.dur.ac.uk/dcad/study/foundation) ou encore de St Andrews en Écosse (www.st-andrews.ac.uk/subjects/ifp).

Pour les cursus artistiques, à moins que vous ayez déjà une solide expérience artistique ou suivi un baccalauréat spécialisé, l'année de *foundation year* est souvent un passage obligatoire afin de préparer votre portfolio et pouvoir ensuite intégrer des cursus artistiques (*Fine Arts*), de design (*Fashion Design*, *Object Design*...) ou encore d'architecture. L'admission dans certaines *foundation years*, comme celle de Central Saint Martins, peut d'ailleurs être sélective et elle-même nécessiter l'élaboration d'un portfolio.

Par ailleurs, il existe également des cursus ou séjours linguistiques combinant cours d'anglais et préparation à un examen d'anglais (souvent le TOEFL ou l'IELTS) et hébergement sur un campus ou dans une famille d'accueil qui pourraient également être une option adaptée à celles et ceux qui souhaitent renforcer leur niveau d'anglais. Vous pouvez par exemple contacter certains organismes tels que OISE, EF, Nacel et bien d'autres encore afin de vous aider dans cette démarche.

Suivre une classe préparatoire en France

Pour les étudiants qui souhaiteraient par exemple rejoindre un cursus d'ingénieur à l'étranger (à l'EPFL à Lausanne par exemple), suivre une année de classe préparatoire scientifique en France pourrait vous permettre de renforcer vos méthodes de travail ainsi que vos connaissances en mathématiques et en sciences et vous donner ainsi la possibilité d'aborder vos études d'ingénieur à l'étranger de manière plus sereine.

De même pour celles et ceux souhaitant suivre un cursus artistique à l'étranger, il existe 21 classes préparatoires publiques qui font partie de l'Appea (Association nationale des classes préparatoires publiques aux écoles supérieures d'art) et qui ont pour vocation de vous préparer aux écoles supérieures d'art. Elles pourraient ainsi constituer un tremplin pour vos études d'art ou de design à l'étranger.

De manière générale, une année de classe préparatoire peut être une année exigeante, mais aussi stimulante et riche en apprentissages et donc, pour certains étudiants, constituer une première étape avant de partir étudier à l'étranger.

Faire un programme césure Eureka en France

Créé par Made iN Sainte-Marie Lyon, un établissement innovant en management et arts numériques qui fait partie de Sainte-Marie à Lyon, le programme césure Eureka a pour objectif de proposer une année de césure organisée, visant à mieux se connaître, se cultiver et donner du sens à ses choix et son orientation.
À travers 30 semaines de programme, vous allez suivre des cours (sous forme d'ateliers et de séminaires) de musicologie, d'anthropologie, de théâtre, d'anglais intensif, de communication, d'innovation, de développement durable, de géopolitique, ou encore des ateliers d'écriture. Le programme prévoit aussi des entretiens de coaching réguliers afin de vous amener à réfléchir sur vous et sur vos talents. Vous aurez également ensuite la possibilité d'effectuer un stage à l'étranger de juin à octobre.

Étudier dans un *community college* aux États-Unis pendant deux ans

Vous souhaitez étudier aux États-Unis à tout prix mais n'êtes pas forcément en mesure de financer quatre années d'études dans une université américaine ? Le *community college* est peut-être fait pour vous ! Il permet en effet d'obtenir un *associate's degree* (équivalent bac + 2) en deux ans à un coût moindre puis de transférer dans une université américaine directement en troisième année, et ainsi économiser sur les frais de scolarité. Néanmoins, il vous faudra quand même obtenir de bons résultats pendant toute votre scolarité au sein du *community college* pour pouvoir être transféré dans une université réputée ensuite. Par ailleurs, vous devrez tout de même financer deux années d'études dans une université américaine, ce qui peut dans certains cas représenter un budget important (supérieur à 100 000 €).

Beatriz a passé deux ans au Broward College en Floride avant d'intégrer la Florida International University (FIU) à Miami pour compléter son bachelor. Elle nous raconte son expérience : « *J'ai choisi d'étudier au Broward College juste après le lycée car j'étais la première personne de ma famille à étudier aux États-Unis. Il était donc difficile de comprendre toutes les démarches à entreprendre : les demandes d'inscription à l'université me semblaient en effet à l'époque fastidieuses et coûteuses et je n'avais en plus pas de garantie d'être admise. C'est pourquoi le* community college *me convenait mieux : il était ouvert à tous et était donc un excellent moyen de mieux appréhender le système et la culture universitaire américaine.*

En fin de compte, le Broward College a été un excellent tremplin pour moi. J'ai reçu pendant deux ans un enseignement de qualité par des professeurs passionnés et dévoués qui prennent vraiment leur métier à cœur. Le large choix de cours, comprenant des laboratoires et d'autres activités pratiques, m'a permis d'explorer de nombreux domaines et d'aiguiser ma curiosité. J'ai ainsi suivi des cours de religion, de sociologie et d'art et, grâce à cette flexibilité dans mes choix de matière, j'ai pu découvrir ce qui allait devenir ma spécialité : le français et la sociolinguistique.

Il y a parfois des idées reçues sur les étudiants des community colleges *mais cela est dans mon expérience infondé et injuste. J'ai en effet trouvé que tous les étudiants étaient motivés, curieux et vraiment là pour apprendre et se dépasser. En outre, le* community college *offre une seconde chance aux étudiants n'ayant pas obtenu de bons résultats dans leur système scolaire et leur permet même de prendre des cours de rattrapage – c'est bien la preuve que le* community college *incarne vraiment cet esprit de communauté, d'entraide et de dépassement de soi.*

Après avoir obtenu mon associate's degree *à Broward en deux ans, j'ai pu transférer à l'université FIU et obtenir un diplôme de bachelor en deux années supplémentaires. J'ai ensuite décidé de redonner au* community college *tout qu'il m'avait apporté en devenant professeur adjoint dans un* community college. »

Faire un service civique, ou du bénévolat à l'étranger

Pourquoi ne pas prendre un an pour partir faire de l'humanitaire ou un service civil ? En plus d'être une expérience très enrichissante, cela pourrait aussi par exemple vous permettre d'acquérir de nouvelles compétences, de renforcer votre niveau d'anglais ou d'apprendre une nouvelle langue.
Pour obtenir des renseignements sur les opportunités de bénévolat, n'hésitez pas à consulter des plateformes comme volunteerworld.com ou WEP.fr.

Pour plus d'informations

Sur les missions à l'étranger du service civique, rendez-vous sur leur site : www.service-civique.gouv.fr/missions/?criteria%5Bis_overseas%5D=1

Léonie, étudiante à King's College à Londres, nous explique les raisons pour lesquelles elle a choisi de prendre une année sabbatique : « *J'ai décidé de prendre une année sabbatique après le bac car je ressentais le besoin de faire une pause pour prendre du recul avant de commencer mes études supérieures. J'avais candidaté aux universités anglaises pendant mon année de terminale en précisant que je souhaitais faire une année sabbatique ou* gap year. *Je savais donc d'ores et déjà que j'étais admise à King's College un an plus tard, ce qui était très rassurant pour mes parents et pour moi ! Pour mon année sabbatique, j'ai décidé d'allier à la fois travail en France et humanitaire à l'étranger. J'ai donc passé la première partie de l'année à travailler dans un hôtel ou j'ai occupé différents postes pendant trois mois : femme de chambre, réceptionniste puis serveuse. Découvrir le monde du travail a été très enrichissant et m'a permis de gagner en maturité. Je suis ensuite partie pour quatre mois en Asie. J'ai d'abord passé deux mois et demi dans une région très reculée du Cambodge. Je travaillais dans une ferme écologique où je donnais des cours à des enfants et à des fermiers du coin afin de les aider*

à cultiver leur terre de manière écologique et sans pesticides. Cette expérience n'a pas été facile dans un premiers temps car il n'était pas évident de communiquer avec les autres car j'étais la seule volontaire et quasiment personne sur place ne parlait anglais. Avec le temps, j'ai appris à communiquer par d'autres biais : par des signes ou à l'aide d'un traducteur instantané... Je suis ensuite partie un mois en Thaïlande, où j'ai donné des cours d'anglais au sein d'écoles défavorisées. Pour trouver cette deuxième expérience, j'ai utilisé la plateforme Volunteer World qui m'a permis d'identifier des associations correspondant à ma recherche. Avec du recul, je pense que j'aurais pu encore mieux préparer mon voyage et faire davantage de recherches. Je me suis rendu compte de l'importance de parler avec d'anciens volontaires sur l'association afin d'avoir des retours d'expérience. Avant de vous engager, n'hésitez donc pas à demander à l'association de vous mettre en contact avec d'autres volontaires déjà sur place – cela permet d'éviter les mauvaises surprises !
Certaines associations font en effet parfois venir des volontaires alors qu'elles n'en ont pas besoin, ou simplement pour des raisons financières – il faut donc être vigilant et bien se renseigner. Prendre une année de césure a été une expérience incroyable qui m'a permis de me développer sur beaucoup de plans : l'humanitaire m'a vraiment permis de gagner en autonomie et de m'ouvrir aux autres. J'ai l'impression de beaucoup mieux m'adapter maintenant, d'aller plus facilement vers les autres, même vers ceux qui ne parlent pas ma langue ! J'ai aussi beaucoup progressé en anglais, je me suis fait des amis du monde entier, à qui je parle depuis tous les jours en anglais ! Je pense que cette expérience va vraiment m'aider à profiter au maximum de mon expérience universitaire à Londres l'année prochaine ! »

Acquérir des expériences professionnelles ou effectuer un stage

Effectuer un stage ou obtenir une première expérience professionnelle peut également être une opportunité de découvrir vos talents et de vous confronter au monde professionnel.

Cela représente aussi un excellent moyen de confirmer ou d'infirmer un choix d'orientation. En effet, cela peut être particulièrement pertinent pour certains cursus professionnalisants (hôtellerie, architecture, commerce, droit, médecine, ingénierie...) avant de vous diriger vers cette voie. Trouver un job étudiant à l'étranger peut également vous permettre de renforcer votre niveau de langue, d'être plus indépendant et de mettre de l'argent de côté pour vos futures études.

Repasser le bac pour améliorer vos notes

L'admission dans certaines universités au Royaume-Uni notamment étant particulièrement dépendante de notes au bac, il peut être judicieux pour les candidats souhaitant à tout prix intégrer une université sélective de repasser le bac dans l'objectif d'obtenir de meilleurs résultats. Toutefois, cette solution étant risquée, il est important de bien peser le pour et le contre avant d'envisager d'entreprendre une stratégie de ce type.

Par ailleurs, à l'étranger, les notes comptent souvent tout autant que la réputation ou le classement de votre université. Par conséquent, si vous obtenez de très bons résultats à votre bachelor, quelle que soit votre université d'origine, vous aurez tout de même la possibilité de rejoindre des masters très sélectifs et réputés ensuite !

4| OBTENIR DE L'AIDE POUR VOS CANDIDATURES : DANS QUEL CAS PEUT-IL ÊTRE UTILE DE VOUS FAIRE AIDER ?

Pour mettre toutes les chances de leur côté, certains étudiants font appel à des coachs ou conseillers en admission afin d'être guidés, aidés et soutenus au cours des différentes étapes du processus d'admission à l'étranger. Ce type d'accompagnement peut s'avérer utile, notamment pour les étudiants visant des cursus particulièrement sélectifs et pour lesquels les places sont très limitées !

Avant de faire appel à un conseiller ou coach, assurez-vous du type et de la qualité de la prestation proposée. S'agit-il d'une prestation illimitée ? S'agit-il d'une tarification par document ou à l'heure ? Quelle est l'expérience du coach par rapport au cursus envisagé ? A-t-il déjà aidé d'autres étudiants avec des profils similaires à intégrer ce type de cursus ? Avec quels résultats ? Y a-t-il des témoignages de parents ou d'étudiants ayant déjà fait appel à ses services ?

Par ailleurs, certains organismes proposant de vous aider à partir étudier à l'étranger sont également agents d'université. Cela signifie qu'ils peuvent parfois percevoir des commissions de la part des universités pour la mise en relation ou l'inscription de candidats. Il est donc important de bien faire attention à ce point car cela peut souvent influencer leur recommandation et les inciter à vous conseiller certains cursus ou universités. Si vous faites appel à un agent, assurez-vous donc de le faire en connaissance de cause !

Par ailleurs, il est aussi important que votre coach soit ambitieux mais réaliste ! L'admission dans les cursus et universités les plus sélectives (Oxford, Cambridge, Harvard, Stanford…) n'est jamais garantie – il y a toujours une part aléatoire dans les admissions et il est donc important de prendre vos précautions par rapport à des coachs ou conseillers qui vous garantiraient l'admission dans certains cursus ou universités spécifiques. De la même façon, il est important de vous méfier d'un coach qui vous découragerait de candidater dans certains cursus ou universités sous prétexte d'être trop sélectif alors qu'il semblerait pourtant correspondre à votre profil académique et à votre niveau

d'anglais. Il faut donc être accompagné par un coach qui saura trouver le bon équilibre entre réalisme et ambition !
Pour ce qui est de la constitution des dossiers à proprement parler, le coach est là pour vous conseiller, vous guider, vous aider à reformuler vos idées, mais il ne doit en aucun cas rédiger ou faire le dossier de candidature à votre place ! Il est donc important de travailler de manière collaborative avec lui, de rester impliqué et de vous investir pleinement tout au long du processus. Même si le coach peut jouer un rôle décisif pour booster vos chances et s'assurer que votre dossier correspond aux attentes des universités visées, ce dernier doit avant tout refléter votre personnalité et votre travail.

CONCLUSION

À travers ce livre, nous espérons vous avoir donné un aperçu des nombreuses possibilités et opportunités qui existent à l'étranger. Nous nous sommes efforcés d'être le plus exhaustif possible même si nous n'avons évidemment pas pu tout traiter et approfondir. Il est donc important de voir ce guide comme une première étape dans votre projet. Donnez-vous le plus de temps possible pour poursuivre vos recherches, échanger avec des personnes déjà parties à l'étranger, participer à des salons et à des journées portes ouvertes afin de faire les bons choix et de mettre toutes les chances de votre côté pour intégrer l'un des cursus dont vous rêvez !

Comme vous avez pu le voir à travers les nombreux témoignages qui parsèment ce livre, partir à l'étranger est une expérience formidable et riche en enseignements : changer d'environnement, vivre avec des personnes aux vécus et expériences différents, suivre des cours dans une autre langue, ou encore découvrir d'autres cultures. Tous ces aspects vont contribuer à rendre votre expérience véritablement unique et vous permettre de vous ouvrir au monde et d'élargir vos opportunités professionnelles !

Nous vous souhaitons beaucoup de courage et de succès tout au long de ce processus, persévérez car vous verrez que le jeu en vaut la chandelle !

REMERCIEMENTS

Nous tenions avant tout à remercier les deux personnes sans lesquelles ce livre n'aurait jamais pu voir le jour : Séverine Charbonnel Bojman, qui a été la première à croire à ce projet et à nous aider à le concrétiser, et Myriam Pasek, notre éditrice, qui a fait preuve de beaucoup d'humour et de bienveillance tout au long du processus. Un grand merci pour votre soutien sans faille et votre confiance !

Nous aimerions également remercier toutes les personnes, étudiants, et organismes avec lesquels nous avons eu l'occasion d'échanger tout au long de la rédaction de ce livre, et notamment Maria Dorriots, Elisheva Uzan, Anne Saci, FrancEspagne Education, GEDS et GoStudy Australia. Merci pour vos précieux conseils, informations et témoignages !

Merci également à tous nos proches qui nous ont soutenus et conseillé tout au long de l'écriture de ce livre.

Enfin, mille mercis à vous, lecteurs – nous espérons que ce livre vous a inspiré, éclairé et donné des clés pour concrétiser votre projet. Nous vous souhaitons tout le meilleur dans vos nouvelles aventures à l'étranger !

34/38, rue Camille-Pelletan - 92309 Levallois-Perret cedex
Imprimerie CPI Bussière - 18200 Saint-Amand-Montrond
Imprimé en France - 3e trimestre 2020 (2053541)

Service éditorial : Charlotte Debroise, Benjamin Dias Pereira, Deborah Lopez, Myriam Pasek

Dépôt légal à parution
ISBN 978-2-7590-4479-5